Adolf Schlatter

Die Gabe des Christus

Adolf Schlatter

Die Gabe des Christus

Eine Auslegung der Bergpredigt

BRUNNEN VERLAG · GIESSEN/BASEL

Theologie und Dienst, Heft 30

Herausgegeben von
Klaus Bockmühl, Helmut Burkhardt und Gerhard Maier

Die Theologische Verlagsgemeinschaft (TVG) ist eine Arbeitsgemeinschaft der Verlage Brunnen Gießen und R. Brockhaus Wuppertal. Sie hat das Ziel, schriftgemäße theologische Arbeiten zu veröffentlichen.

Titelbild: Schleswig, Teil des Bordesholmer Altars des Meisters Hans Brüggemann, 1521.

2. Auflage 1982

Umschlagfoto: Bildarchiv Foto Marburg

Gesamtherstellung: St.-Johannis-Druckerei, Lahr
ISBN 3–7655–9030–4

Inhalt

Einführung

Kaum ein Teil der Bibel ist heute mehr in aller Munde als die Bergpredigt. Sieht man näher hin, dann erweisen sich allerdings viele Berufungen auf das Ethos der Bergpredigt als lückenhaft und oberflächlich. Der besondere Wert der hier wieder veröffentlichten Auslegung Adolf Schlatters liegt darin, daß er die Bergpredigt nicht isoliert versteht, sondern in engstem Zusammenhang mit dem, was wir sonst über die Botschaft und den Anspruch Jesu wissen. Wer nicht hört, was die Bergpredigt über die Umkehr zu Gott und die ausschließliche Personbindung der Jünger an Jesus sagt, der geht an ihrer Absicht vorbei. Wo von der Bergpredigt nur einige „goldene Worte" zitiert werden, die gerade ins weltanschauliche Konzept passen, da ist religiöse Halbbildung, aber keine Nachfolge.

Wie ein Vergleich des Matthäus- mit dem Lukas-Evangelium zeigt, sind in den drei Kapiteln der Bergpredigt (Mt 5–7) viele Einzelworte gesammelt, die Jesus bei sehr verschiedenen Gelegenheiten gesprochen hat[1]. Es handelt sich dabei um bewußt behältlich geformte Aussprüche, in denen Grundgedanken seiner Verkündigung in hoher inhaltlicher Konzentration zusammengefaßt sind[2]. Darum muß neben die großflächige theologische Einordnung, wie sie Schlatter hier durchführt, die beharrliche Einzelauslegung dieser inhaltsschweren „Lehrsummarien" treten. Schlatter selbst hat hier durch seine großen Evangelienkommentare einen bleibenden Beitrag hinterlassen[3]. Er leistete in seiner Zeit dadurch bahnbrechende Pionierarbeit, daß er die bis dahin kaum bekannten rabbinischen Schriften (Talmud und Midrasch) für die neutestamentliche Exegese fruchtbar machte. Inzwischen besitzen wir durch die Qumranliteratur neues wichtiges Quellenmaterial, das uns weiterhilft, die Besonderheit der Bergpredigt vor ihrem zeitgeschichtlichen Hintergrund zu verstehen. So muß die Arbeit auch über Schlatter hinaus weitergehen.

1 Vgl. J. JEREMIAS, Jesus und seine Botschaft, Stuttgart 1976, 41–60.

2 Vgl. R. RIESNER, Jesus als Lehrer. Eine Untersuchung zum Ursprung der Evangelien-Überlieferung, WUNT II, 7, Tübingen 1981.

3 Der Evangelist Matthäus, Stuttgart ^{6}1963 (= 1929); Das Evangelium des Lukas, Stuttgart ^{3}1975 (=1931).

Die vorliegende Auslegung der Bergpredigt geht auf Vorträge zurück, die Schlatter während der 10. württembergischen Tagung christlicher Akademiker vom 2. bis zum 5. Januar 1928 auf dem Schönblick hielt[4]. Der Essener Pfarrer Friedrich Graeber, ein Freund von Pastor Wilhelm Busch, gab sie dann als Broschüre unter dem Titel „Die Gabe des Christus. Eine Auslegung der Bergpredigt“[5] heraus. In dieser Neuausgabe wurden nur einige Druckfehler beseitigt und außerdem das Wort „Verkehr“ gelegentlich durch einen moderneren Ausdruck ersetzt. Die manchmal nicht ganz einfache sprachliche Form kann uns davor bewahren, allzu schnell über die Worte eines der Väter der evangelischen Christenheit[6] hinweg zu lesen.

Dusslingen, im Advent 1981 — Rainer Riesner

---

4 Vgl. R. BREZGER, Das Schrifttum Adolf Schlatters, o. J. (bis 1978), 111.

5 Velbert 1928.

6 Zu Leben und Werk vgl. meine Einführung in A. SCHLATTER, Jesus – der christus, Gießen 1978, 7–21.

Die Herrlichkeit der Jüngerschaft Jesu

Matthäus 5, 3–16.

Als Jesus seine Jünger aus der täglichen Berührung mit der Judenschaft herausnahm und mit ihnen in die stilleren Berge des oberen Galiläa ging, sprach er zuerst mit ihnen von der Herrlichkeit der Jüngerschaft Jesu.
Denen, die er mit sich nahm, zeigte er die ihnen gegebene Herrlichkeit. Auf diese Weise machte er ihnen seine eigene Herrlichkeit sichtbar, nicht so, daß er ihnen den Einblick in seine Gottessohnschaft gab oder ihnen auslegte, was sein Christusname bedeutete und was er in seiner königlichen Macht schaffen werde. Er warb nicht für sich und war nicht selbst sein Zeuge. Das, was der Vater für ihn war und ihm als sein Werk zuteilte, machte ihn zum Gebenden für die, die er zu sich berief. An ihnen verherrlichte er sich durch die Größe der Gabe, die sie von ihm empfingen.
Das Erste, was er in sie pflanzt, ist die Hoffnung. Er machte seine V3
Jünger zu Hoffenden. Weil Gottes Herrschaft kommt, hat er sie zu sich gerufen und auf sie richtet er unverwandt ihren Blick. Was das heiße, daß Gott sein Königtum offenbare, das hat Jesus nicht als ein Geheimnis behandelt. Nur für den ist es ein Geheimnis, der Gott nicht kennt und nicht weiß, was Gott ist. Ihr kennt ihn, sagte Jesus seinen Jüngern, und wisset, was es bedeutet, daß Gott regiert, Gott wirkt, Gott seinen Willen vollbringt und Gott uns zu seinem Ziele führt. Das heißt: die allmächtige Gnade tut ihr Werk und schließt den Reichtum Gottes den Menschen auf, und die allmächtige Gerechtigkeit handelt und macht allem Bösen, das gegen Gottes Willen streitet, ein Ende. Damit gab Jesus den Jüngern nicht nur einen Stoff für ihr Denken und Dichten, nicht nur ein Zukunftsbild, das mit der Ungewißheit behaftet ist, die an allem Zukünftigen haftet. Diese Zukunft ragt in die Gegenwart hinein; denn Gott ist gegenwärtig. „Ihrer ist das Himmelreich." Es gibt einen Anteil am Himmelreich, der Festigkeit hat, und darum gibt es eine Hoffnung, die Gewißheit und Wille ist, und diese Festigkeit bekommt sie dadurch, daß die Jünger zu Jesus gekommen sind.
Damit das Ziel ihrer Hoffnung „Gottes Herrschaft, das königliche Wirken der Himmlischen" kein dunkles Wort für die Jünger

bleibe, sagt ihnen Jesus, was als Gottes Ziel vor seinem Blick steht. Er hilft ihnen dadurch, ihre Hoffnung rein zu bewahren. Sie wird unrein, wenn wir unser selbstisches Begehren mit ihr vermengen. Dann träumen und rechnen wir und denken uns aus, was geschehen müsse, damit unsere Wünsche zur Erfüllung kommen und wir verklärt und selig seien. Die Hoffnung, die Jesus seinen Jüngern gab, hat aber ihren Gegenstand nicht im Menschen, sondern in Gott, und spricht nicht von der Verklärung des Menschen, sondern von der Offenbarung Gottes.
Was wird Gott tun? Die Totenklage, die jetzt die menschliche Geschichte beständig begleitet, verstummt; das Leben erscheint. Die stolzen Machthaber, die jetzt die Erde als ihr Eigentum an sich raffen, sind verschwunden; denn der menschliche Machtwille, der sich gegen Gott auflehnt und die Menschen knechtet, wird gerichtet. Nun ist Friede auf der Erde. Das Sehnen nach Gerechtigkeit ist erfüllt; denn unser Unvermögen, sie herzustellen, ist geheilt. Nun ist sie nicht mehr ein unerreichbares Ziel, eine uns richtende Norm, weil wir den Zwiespalt zwischen dem, was wir sind und was wir sollen, nicht überwinden. Dann hat alles seinen richtigen Platz gefunden; der Mensch steht vor Gott da, wo er stehen soll, und gibt dem anderen das, was er ihm geben soll. Dann öffnet sich Gottes barmherzige Hand für den Menschen, und Gott bleibt ihm nicht der Unerkannte, sondern wird ihm in der Herrlichkeit seiner Werke wahrnehmbar, und der Name „Sohn Gottes" wird dem Menschen zuteil, der offenbar macht, daß jede Trennung zwischen Gott und ihm aufgehoben ist. Dann ist der König zugleich der Vater, durch den die Glieder seines Reiches leben und der sie sich verbunden macht.
Das ist das Zukunftsbild Jesu. Das, sagte er seinen Jüngern, begehrt. Wenn wir das begehren, so enden alle phantastischen Zukunftsbilder. Die Verheißung Jesu bestärkt nicht den menschlichen Hunger nach Leben und Seligkeit, sondern richtet unser Hoffen auf Gott. Weil es aber zu Gottes Gnade emporschaut, sieht es die Fülle seiner Gaben, die uns das überreich gewähren, was das aus unserer Armut und Not entspringende Verlangen sucht.
Für wen sollen die Jünger hoffen? Nicht für sich allein, als gäbe es einzig eine Verheißung Jesu für sie. Wie der stolze Satz der Juden: „Ganz Israel hat an der kommenden Welt teil", vor der Gerechtigkeit Jesu zerbrach, so gibt es auch keine Verheißung allein für die

Christenheit, die ihre Hoffnung und darum auch ihre Liebe nur auf ihren eigenen Kreis beschränkte. Die erste Schar, an der Gott seine allmächtige Gnade offenbaren wird, sind die Armen, die Darbenden. So, wie die Natur jetzt ist, ist es unvermeidlich, daß für viele die Lebensbedingungen verkürzt sind. Das ergibt nicht nur den von außen her hemmenden Druck, sondern macht „im Geist arm" und ergibt auch das inwendige Darben. Im Ringen um das, was zum Leben notwendig ist, verarmt der Mensch. Jesus sieht aber, wie in allem, so auch in der Lage der Armen, die ihn verkürzt und inwendig belastet, Gottes Hand und sagt dem Armen: Hoffe! Gott hat dich nicht dazu geschaffen, damit du dich zeitlebens bemühst, ein Stück Brot zu erhaschen, das dich kümmerlich nährt; das ist nicht das Letzte, was Gott dir gibt; denn er ist die allmächtige Gnade. Das ist nicht nur ein Blick in die Zukunft, der die Gegenwart unverändert ließe; er trägt vielmehr schon in das gegenwärtige Entbehren den unvergleichlichen Reichtum hinein.

Schon dieses erste Wort macht deutlich, daß der Weggang Jesu aus der dicht bevölkerten Gegend von Kapernaum eine innere Begründung hatte. Jesus stellt nicht nur eine räumliche, sondern eine innerliche Trennung zwischen den Jüngern und der Judenschaft her. Denn das, was er sagt, widerspricht mit scharfem Gegensatz dem befestigten Urteil aller. Die anderen werten den Reichtum als Gottes Segen und sehen in der Armut nur die Not, nur die Ohmacht, nur die Benachteiligung durch Gott. Jesu Gott ist der Gott der Armen, deshalb, weil sie arm sind und auch inwendig darben und leiden. Denn Gottes Art ist, daß er hilft; er nimmt deshalb, weil er gibt.

Die zweite Schar, für die Gott zum Helfer wird, sind die, denen die V4
Totenklage im Herzen und auf den Lippen sitzt. Am Grab versagt der menschliche Trost. Gott hat aber nicht dazu dem Menschen das Todeslos zugeteilt, damit er wund werde und weine und in Gram versinke. Die allmächtige Gnade wischt die Tränen ab; denn sie schafft ewiges Leben.

Die dritte Schar sind die, die nicht zürnen und streiten können und V5
nicht imstande sind, sich Platz zu verschaffen und sich selbst zu behaupten. Das sind die Verkürzten, in die Ecke Gedrängten, Machtlosen, „ein Volk ohne Raum". Aber Gottes königliches Werk macht der prunkenden Größe des Menschen ein Ende und macht aus der Erde die Heimat der Sanftmütigen.

V6 Armut, Tod, Ohnmacht sind bittere Not; aber es gibt noch einen
tieferen Jammer. Die Notwendigkeit, sich selbst beschuldigen zu
müssen, ist schwere Not; als Bereuender leben zu müssen, ist ein
hartes Los. Wieder versagt das menschliche Vermögen ganz. Vor
der verpflichtenden Macht der Gerechtigkeit gibt es kein Entrin-
nen und für die Schmerzen der Reue keine Heilung. Auch für
dieses endlose Weh, das ewig ist, solange wir mit unserem
Vermögen rechnen, kommt nun die Hilfe, und das unentbehrliche
und doch unerreichbare Gut, die Gerechtigkeit, wird gegeben.

Zuerst sieht die Verheißung Jesu auf das, was den Menschen fehlt
und sie bedrückt, nach der Regel, daß Gott hilft, weil der Mensch
hilflos ist, und gibt, weil der Mensch seine Gabe nötig hat. Aber
das menschliche Leben besteht nicht nur aus Elend, sondern
umfaßt auch Vorgänge, die nach Gottes Wollen geschehen und
V7 darum seine Verheißung empfangen. Es gibt Barmherzige, die ein
offenes Auge und eine gebende Hand für die Not der anderen
V8 haben, Reine, die sich an der Stelle um die Reinheit bemühen, an
der wir sic zuerst bedürfen, da sie ihr Herz gegen das schützen, was
V9 befleckt. Es gibt solche, die über den Streit Meister werden und
den Menschen zum Menschen bringen, so daß der Friede sie
vereint, und solche, die unlöslich an die Gerechtigkeit gebunden
V10 sind und Ehre, Besitz und Heimat fahren lassen, weil sie nicht in
das willigen können, was verwerflich ist, und zum Unrecht unfähig
sind. Mit all dem bewegt sich der Mensch auf Gottes Weg, und
deshalb kommt Gottes allmächtige Gnade zu ihm.

Das ist die große Hoffnung, die Jesus den Jüngern gab; sie macht aus ihrem Dienst ein herrliches Werk. Sie haben für alles, was den Menschen bedrückt, Trost und Hilfe, und sind mit allem, was gütig, rein und gerecht vor Gott ist, geeint.

Vermissen wir das „Wehe“, das uns den leidenden Christus und die leidenden Jünger zeigt? Der frohlockende Jubel dieser Sätze wäre nicht echt, wenn nicht die Fähigkeit zum Leiden mit ihm verbunden wäre. Aber das Wehe steht neben jedem dieser Worte, weil sie mit allen geltenden Meinungen zusammenstoßen. Weil Jesus im Gegensatz zu dem steht, was jedermann glaubt und jedermann tut, spricht er vom Leiden seiner Jünger.

V11 Jetzt redet er sie an: „Ihr!“ Ihre Freude ist Mitfreude mit der großen Schar, die Gottes Reichtum begnadet. Das Leiden dagegen ist ihr besonderes Merkmal und ihr inwendiges Eigentum. Denn es entsteht aus ihrem Anschluß an Jesus. Er wird für sie zum

Bringer herber Schmerzen; denn um seinetwillen verlieren sie die Ehre und die Heimat und gelten den anderen als die Gottlosen, Abtrünnigen und Verräter. Dies bringt aber der Herrlichkeit ihrer Jüngerschaft keinen Schaden. Vielmehr bewährt sie sich so. Denn durch ihr Leiden empfangen sie die jubelnde Freude. Das Leid, das Jesus den Jüngern bringt, schafft den Jubel. „Um meinetwillen", das ist auf dem Standpunkt Jesu eins mit „um Gottes willen". Das um Jesu willen getragene Leid ist Dienst Gottes, durch den Gott Gehorsam geleistet wird, und ist ein Opfer, durch das Gott gepriesen wird. Es gibt aber keinen umsonst geleisteten Gehorsam, kein Gott vergeblich dargebrachtes Opfer. Ergibt der Mensch sich Gott, so strömt ihm Gottes Gabe zu.

Warum dies für Jesus und die Jünger die Weise ist, wie Gott V12
gedient werden muß, zeigt den Jüngern der Rückblick auf das, was von jeher in Israel geschah. Nie war dem Volk das göttliche Wort, das zu ihm kam, angenehm. Denn der menschliche und der göttliche Wille sind nicht eins. Im Dienst Gottes wird immer offenbar, daß zwischen Gott und dem Juden, zwischen Gott und dem Menschen Zwietracht besteht.

Jesus stellt seine Jünger und zuerst sich selbst an den Schluß der prophetischen Schar. Woran er dabei dachte, das hat er Jerusalem durch das Gleichnis von den Weingärtnern deutlich gemacht. In langer Reihe brachten die Propheten dem Volk die Mahnung: Gebt Gott, was Gottes ist; bringt die Frucht des Weinbergs, den er selbst geschaffen hat, ihm dar. Was die Propheten einst taten und durch ihre Schrift auch jetzt noch tun, tut auch Jesus, und ebenso werden es seine Jünger tun, da er ihnen sein Wort übergibt. Da sie das Werk der Propheten tun, empfangen sie auch das Los der Propheten und den Lohn der Propheten. Nur vom Leiden sprach Jesus damals mit seinen Jüngern, noch nicht von seinem Tod und ihrem Sterben. Zum Wort vom Kreuz hat Jesus sein Evangelium erst später gemacht. Aber Rüstung zum willigen und frohen Leiden war Jesu Wort von Anfang an.

Die Jünger müßten nicht leiden, empfingen sie nicht von Jesus V13
ihren herrlichen Beruf. Im Salz gibt er ihnen das Gleichnis, weil es salzt, im Licht, weil es leuchtet. So tun sie, was er selber tut. In den ersten Sätzen hat er sich ihnen ja in seiner großen Liebe dargestellt, die ihn für alle zum Gebenden macht, die Gottes bedürfen, und ihn mit allen verbindet, die Gottes Willen tun. Wie er ist, so sind auch sie. Sie sind begabt, damit sie geben, empfangen, damit

sie dienen; es gibt keinen Empfänger seiner Gaben, er werde denn dadurch ihr Instrument.

V14 Weltweit ist ihr Beruf. Was er ihnen gibt, durchdringt die Menschheit, wie das Salz alles, was es berührt, salzt, und strahlt in die Welt hinaus, wie es für die Bewegung des Lichts kein Ende gibt. „Ihr seid es"; das ist kein Gebot, kein in der Ferne erst aufragendes Ziel. Das sind sie durch das, was sie als seine Jünger sind, durch das, was er ihnen gegeben hat und geben wird. Liegt die Stadt auf der Höhe des Berges, so sieht man sie. Das ist der nicht zu überhörende Klang der Gewißheit, mit der Jesus seine Sendung erfaßt hat. „Ihr seid es"; denn ich bin es.

Weil aber Jesus die Herrlichkeit der Gabe preist, die der Jünger empfangen hat, schützt er ihn davor, daß sich der Jünger an seiner Gabe verderbe. Sieht er, was er empfangen hat und ist, so sieht er auch seine Pflicht, und wo Pflicht ist, da ist auch Schuld. Das närrisch gewordene Salz zeigt dem Jünger, was für ein häßliches, unbrauchbares, verworfenes Ding er aus sich machen kann. Salz, das nicht mehr salzt, Licht, das nicht mehr strahlt, eine Lampe, die unter dem Scheffel brennt, das ist die Schuld des Jüngers und sein Tod.

V15 Hat der Jünger nun Grund, enttäuscht zu sein? Was begehrt er? Begehrt er Sicherheit? Diese gibt ihm Jesus nicht. Du bist beweglich; Salz, du kannst närrisch werden; Lampe, du kannst verlöschen. Wer ist sicher? Gott. Wer ist unsicher? Ich. Was ergibt sich daraus für den Jünger? Dies, daß er glaubt.

Darum spricht Jesus nicht von dem, was der Jünger aus sich machen soll. Lesen wir sein Wort so: erwirb dir Salzkraft und Leuchtkraft, zünde die Lampe an und mache aus dir das scheinende Licht, dann sind wir von Jesus weg zurück zum Rabbinen gegangen. Dann entsteht unvermeidlich jene Frucht, die den Glauben zerbricht, und die Klage beginnt: wir sind zu schwach! wie viel fehlt uns! wie wenig ist uns gewährt! Gab nicht die Lage Jesu, als er mit seinen Jüngern in den Bergen war, zu solcher Klage reichlich Grund? Waren die Männer, die mit ihm gingen, nicht viel zu wenig, viel zu klein, viel zu schwach zur Offenbarung des göttlichen Reiches? Wäre Jesus nichts als ein Jude gewesen, so hätte er so gesprochen. Aber dieser ganze Jammer: „Wir sind zu wenig und sind zu schwach und wissen dieses nicht und können jenes nicht", ist Jesus fremd. Seid, was ihr seid, sagt er den Seinen. Auch er trägt im Blick auf sie die ernste Furcht in sich und erweckt sie in ihnen; sie entsteht aber nicht an dem, was ihnen fehlt und was sie nicht können, sondern an dem, was sie empfangen haben, nicht an dem, was sie nicht sind, sondern an dem, was sie sind. Die empfangene Gabe unwirksam machen, das ist die Sünde; das von Gott Geschenkte verderben, das ist die Schuld. Das ist die Furcht, die der Glaube in uns schafft.

Wie der Mensch ist, so handelt er. „Ihr leuchtet", sagt Jesus, V16
„durch eure guten Werke." Auch das Wort kann Tat und Gabe sein, vielleicht eine reichere Gabe als die Herstellung irgendeines dinglichen Wertes. Das ist das Wort aber nur dann, wenn es nicht vom Menschen geschieden ist, sondern wirklich sein Wort ist, eins mit seinem Sein und seiner Tat. Menschen macht Jesus, nicht Denker, Redner, Prediger; darum leuchten sie durch das, was sie tun.

Diese Menschen sind begnadete Menschen, von Gott begnadet, und sie sind hoffende Menschen; sie hoffen auf Gott. Darum liegt das Ziel ihres Lebens nicht in ihnen, sondern in Gott. Der Jünger hat das Licht verdunkelt, wenn er den Blick auf sich selber zieht. Was bewirkt er? Wahrnehmung Gottes und seiner Größe, Dank für Gottes Gabe, Anbetung, die Gottes Gnade preist. „Er ist euer Vater", sagt Jesus seinen Jüngern. Sie haben das, was sie waren, von Jesus empfangen; dadurch sind sie Gottes Kinder. Nun ist Gott der Urheber ihres Lebens. Jesu Werk sein heißt Gottes Werk sein, und Jesu Gemeinschaft empfangen heißt in Gottes Gemeinschaft leben. Zwischen Jesus und dem Vater ist die Einheit vollständig. Darum gilt auch der andere Satz: durch Gott leben heißt durch Jesus leben; in Gott sein heißt im Christus sein.
Nun ist die Herrlichkeit der Jüngerschaft Jesu offenbar.

Die Vollendung unserer Gemeinschaft

Matthäus 5, 17–48

Der Christus spricht, der Schöpfer der neuen Gemeinde. Mußte sie denn neu werden? War sie nicht längst vorhanden als Gottes eigene Gründung? War sie nicht am Sinai dadurch entstanden, daß Gottes Wort zum Volke kam und ihm das Gesetz gab? „Es wurde gesagt." Ungezählte Male hat jeder Rabbi diese Formel gebraucht, und jeder Jude kannte sie. „Gesagt ist es"; wer ist der Redende? Das wußte jeder Jude: der Sprechende ist Gott. „Zu den Alten wurde gesagt"; wer sind die Alten? Das wußte jeder Jude: das ist das Geschlecht, das am Sinai stand. Jesus sagt es mit demselben Ernst wie der Jude: „Es wurde den Alten gesagt, und ihr habt das gehört." Seine Meinung ist nicht die: nun sollt ihr das vergessen. Er führt ja die zweite Hälfte der Zehn Gebote an. Wie sollten die Jünger das vergessen? Die Meinung Jesu ist: das habt ihr gehört und sollt es für immer gehört haben; darum hört nun auch, was ich euch sage. Jetzt ergeht ein neues Wort; denn die neue Gemeinde muß entstehen.

V18 Weil das alte Wort gesagt wurde, wird das neue gesagt, und weil
die alte Gemeinde vorhanden ist, entsteht die neue. Damit das
neue Wort nicht die Verachtung des alten bewirke, beginnt Jesus
damit, daß er sich in der denkbar kräftigsten Weise zur Schrift
bekennt. Sie hat zwar nicht ewige Geltung, sondern ist für die Zeit
gegeben, da dieser Himmel und diese Erde bestehen; sie spricht zu
der in den natürlichen Verhältnissen lebenden Gemeinde. Dieser
tut sie aber Gottes Willen kund. Daher muß alles geschehen, was
sie sagt, alles gerichtet werden, was sie als sündlich verwirft, und
alles getan werden, was sie zu unserem Dienst Gottes macht. Eben
dazu ist Jesus gekommen, damit endlich der vorhanden sei, der
der Schrift gehorcht. Wie könnte es einen Zugang zum Reich
V19 Gottes geben, wenn sein Gebot zerrissen wird? Von den kleinsten
Geboten spricht Jesus, und er denkt an die zweite Tafel Moses und
sagt von diesen kleinsten Satzungen, die das Fundament für die
völkische Gemeinschaft bilden, daß an ihnen alle Größe zerbre-
che, wenn sie übertreten werden, und Größe entstehe, wenn sie
gehalten werden, dann, wenn Gott regiert und sein Urteil gilt.
V20 Über diese kleinen Gebote strebte die Frömmigkeit empor. Der
Pharisäer tat es und Jesus tut es auch. Darum war ihm jetzt ein

Wort über die Pharisäer unentbehrlich. Sie strebten nach Vollkommenheit und stellten deshalb auf das Gesetz ihren stolzen Bau, die „Lehre“. Darum muß jeder Jünger wissen, daß ihn das neue Wort, das ihm Jesus sagt, nicht hin zum Pharisäer, sondern weg von ihm führt. In diesem Zusammenhang mußte nicht von der Sünde der Pharisäer, sondern von ihrer Gerechtigkeit gesprochen werden. Hatten sie denn eine Gerechtigkeit? Das hat ihnen Jesus nie bestritten. Er sah in der Gemeinde zweierlei Menschen. Die einen versinken in die natürlichen Interessen; das ist der Sohn, der vom Vater weglief, und der, der dem Vater, wenn er ihn in seinen Weinberg schickt, trotzig antwortet: nein!, und der Beter, der Gott nichts anderes zu sagen weiß als: „Gott, sei mir Sünder gnädig.“ Die anderen gleichen dem Sohn, der beim Vater bleibt und ihm beständig dient und, wenn er ihn an die Arbeit schickt, ihm antwortet: „Ja, Herr“, und, wenn er betet, vieles aufzählen kann, was er Gott zur Ehre tat. Darum besteht die Gemeinde aus Gesunden und Kranken, und die Herde besteht aus Schafen, die beim Hirten blieben, und aus solchen, die wegliefen, aus solchen, denen man sagen muß: „Kehrt um“, und aus solchen, die die Umkehr nicht nötig haben, denen man sagen kann: „Fahre fort, Zion, fahre fort im Licht.“ Jesus hat keinen Gottesdienst entehrt und keine Frömmigkeit beschmutzt. Darum lag der Gedanke den Jüngern nahe, Jesus tue jetzt, was der Pharisäer tue; er schaffe wie dieser ein ergänztes Gesetz, verbesserte, christlich gemachte Zehn Gebote. Darum sagt Jesus den Jüngern, er rede von etwas ganz anderem als von der Gerechtigkeit der Pharisäer; wenn die Jünger nur diese haben, dann ist ihnen Gottes Herrschaft verschlossen.

Was war denn der Schaden der alten Gemeinde, den auch der
Pharisäer nicht wegschaffen konnte? Sie ist durch bittere Feind- V21ff.
schaft zerrissen; denn jeder, der irgendwie verletzt wird, gerät in
Zorn. Die Gemeinschaft stirbt weiter am wilden Begehren nach V27ff.
der Frau, das fortwährend die Blicke entzündet, wozu auch die
Lockerung der Ehe gehört, die auf die bleibende, feste Treue
verzichtet, so daß die Frau nie weiß, wie lange sie dem Manne
gehört. Die Gemeinschaft bricht weiter entzwei durch die Verlo- V33ff.
genheit, die nur dann ausgeschlossen bleibt, wenn der Name
Gottes das Wort bekräftigt, so daß erst mit dem Eid die unbe-
dingte Verpflichtung zur Wahrhaftigkeit entsteht. Die Gemein-
schaft wird weiter durch die Weise verletzt, wie jeder sein eigenes V38ff.

Recht schützen will. Keiner will Unrecht leiden; jeder schreit nach Vergeltung, und dadurch wird jeder Bruch der Gemeinschaft
V43ff. unheilbar. Sie bleibt endlich deshalb schwach, weil die Liebe eigensüchtig bleibt und an das gebunden ist, was der andere tut. Ist er mein Feind, so hasse ich. Tut er mir Gutes, so liebe ich. Solange aber unsere Liebe von dem abhängt, was der andere uns gewährt, ist die Gemeinschaft beständig in Gefahr, daß sie zerbreche.

Wie macht Jesus die Gemeinschaft in seiner Gemeinde fest? Er nimmt dem Jünger den Zorn aus dem Herzen, wodurch die boshaften, kränkenden Worte verstummen, und den erotischen Hunger nimmt er weg aus ihrem Blick, wodurch für die Frauen die Begegnung in der Gemeinde ungefährlich wird. Er macht auch in seinem Jüngerkreis die Ehe fest. Er nimmt dem Jünger das Lügen weg, wodurch der Eid verschwindet, weil es nun keine Unterscheidung zwischen notwendig wahren und möglicherweise falschen Worten mehr gibt. Er macht die Jünger von jener Gerechtigkeit frei, die kein Unrecht leiden kann, und gibt ihnen statt derselben die unüberwindliche Geduld. Damit wird ihre Liebe von allen Beschränkungen frei und bekommt die Vollständigkeit, die auch durch Feindschaft nicht erschüttert wird. Jetzt ist die Gemeinschaft, in die er die Seinen stellt, fest.

Die Christenheit pflegt auf das Wort Jesu mit dem Seufzer zu antworten: „Was für eine schwere Last legst du uns auf!“ Das war nicht die Meinung Jesu. „Mein Joch ist gütig und meine Last ist leicht“, sagte er, im Gegensatz zur Religion der Lastträger, die unter ihren religiösen Pflichten keuchen. Diese Religion nahm er eben damals seinen Jüngern ab, als er zu ihnen sagte: „Ich aber sage euch nun etwas anderes, als was zu den Alten gesagt wurde.“ Nehmen wir an, die Beschreibung des menschlichen Verkehrs, die Jesus hier gibt, sei unter uns Wirklichkeit, wir seien unfähig zum Zürnen, unfähig zur Entehrung der Frau, unfähig zum Lügen, fähig zu jeder Geduld, fähig zu der von aller Selbstsucht freigewordenen Liebe, dann hätten wir Gemeinschaft miteinander. Die Einrede lautet: das wäre zweifellos schön; aber wir können das nicht bekommen; das ist unmöglich.

V21 So hat Jesus nicht gedacht. „Wer diese meine Worte hört und sie tut“, sagte er am Schluß der Rede, und warum er nicht so gedacht hat, hat er eben dadurch deutlich gemacht, daß er sein Wort neben den alten Spruch Gottes setzt. War denn der alte Spruch ohnmächtig? Ist Gottes Wort nicht wirkende Kraft? „Gesagt wurde:

du sollst nicht töten.“ Blieb das ohne Wirkung? Haben nicht Ungezählte niemals gemordet? „Wer tötet, ist dem Gericht verfallen.“ Blieb das ein leeres Wort? Haben sie nicht mit Eifer den Mörder getötet und die Ehebrecher gesteinigt und sich vor dem Meineid gefürchtet und mit Wonne Vergeltung geübt? „Es wurde gesagt: du sollst deinen Feind hassen.“ Haben sie nicht die Kanaaniter umgebracht und die Samariter und die Römer und die Zöllner und jeden Feind redlich gehaßt? Gottes Wort ist Kraft; warum? Er schreibt das Werk des Gesetzes nicht nur auf Tafeln, sondern auch in die Herzen. Jesus meint, das Wort Gottes sei nicht weniger kräftig, wenn er es sagt, als wenn es Mose sagt. „Ich sage euch“; wißt ihr nicht, was mein Wort ist? Der Aussätzige wußte es, als er vor Jesus kniete und sagte: „Wenn du willst, kannst du mich reinigen.“ Der heidnische Hauptmann wußte es, als er zu Jesus sagte: „Sprich nur ein Wort; so wird mein Knecht gesund.“ „Ich“ sage euch, sagte Jesus. Wißt ihr nicht, wer ich bin? Habt ihr mich nicht erkannt? „Simon Jona, hast du mich lieb?“ „Wer mich liebt, bewahrt meine Gebote.“

Wollen wir ihm erwidern: du kennst uns nicht? Die Jünger sagten das nicht, sondern standen unter dem starken Eindruck: „Du weißt alle Dinge; du kennst uns.“ Auch in dieser Rede wird es
völlig deutlich, daß Jesus den Menschen kennt. Als er das Zürnen V22
unter die Verurteilung stellte, fuhr er fort: „Wer aber seinem Bruder sagt: du leerer Mensch! oder gar: du Narr, du ehrloser Tropf.“ Wußte er, daß unsere Empfindungen kochen und aus ihnen plötzlich wie aus einem Vulkan das den anderen schändende Wort herausfliegt? Die Rede fährt fort: „Du stehst vor dem Altar
und erinnerst dich daran, daß du den Bruder geschädigt hast“; V23ff.
kennt er unsere Natur? Er beschreibt unseren Verkehr miteinander als die Wanderung zweier, die sich nicht einigen können und zum Richter gehen. Weiß er nicht, daß wir eine Menge Beschwerden gegeneinander im Herzen haben? Als er den Jüngern ein reines Verhalten zu dem anderen Geschlecht gab, bändigte er
ihren Blick, weil er weiß, wie empfänglich wir für die erotischen V27ff.
Eindrücke sind, und dann sagte er, daß wir geärgert werden können, daß es Stöße gibt, durch die wir fallen können, und macht uns die höchste Wehrhaftigkeit mit dem stärksten Bild zur Pflicht. „Reiße dein Auge aus, haue deine Hand ab.“ Kein Verzicht ist zu hart, um das wegzuschaffen, was sündigen macht. Weiß er nun, daß wir empfindlich sind? Wären wir es nicht, dann hätte schon

der alte Spruch Gottes gebieten können, was jetzt Jesus sagt. Warum tat er es nicht? „Wegen eurer Herzenshärtigkeit“, hat Jesus gesagt.
Man kann, lautet die Einrede, aus diesen Worten kein Gesetz machen. Das kann man sicher nicht. Allein diese Einrede hat nicht verstanden, warum Jesus sagte, er führe die Jünger nicht zur Gerechtigkeit der Pharisäer und überbiete das alte Gesetz nicht wie sie durch ein neues Gesetz, weil wir so nie zur Herrschaft Gottes gelangen. Der Pharisäer entwickelte Gesetz aus Gesetz und ersetzte das alte Gesetz durch ein neues, angeblich vollständigeres; denn zwischen ihm und Gott stand das Gesetz. Dadurch schuf er die Religion der sich abarbeitenden Lastträger, deren Gottesdienst eine schwierige Kunst und nie endende Mühsal ist. Jetzt spricht aber nicht das Gesetz, sondern der Christus, nicht der Fordernde, sondern der Gebende, nicht der Richtende, sondern der Vergebende, nicht der Knecht, sondern der Sohn. Das ergibt das neue Wort Gottes, das niemals in ein Gesetz verwandelt werden kann. Denn mit dem Gesetz bin immer ich der, der sein Verhältnis zu Gott selber ordnet und selbst das Böse vernichtet und selbst sich zu Gott erhebt und selbst die Gerechtigkeit wirkt. Darum gelangt der Jünger mit der pharisäischen Gerechtigkeit, mag sie noch so sehr Gerechtigkeit sein, nicht zu Gottes Reich, nicht zum wirkenden, gebenden Gott.
V38ff. Ist es gefährlich, den Weg Jesu zu gehen? Allerdings. Auch die Jünger dachten so. Jetzt, sagten sie, ist es gefährlich, eine Ehe zu schließen. Es ist auch gefährlich, nicht jedes Scheltwort zu erstikken; nun läuft es von Mund zu Mund. Es ist gefährlich, dem Feind nicht den Dolch in den Leib zu stoßen, sondern ihm die volle Schätzung entgegenzubringen, die ihm als Mensch gebührt. Es ist gefährlich, dem, der nach dem Hemd greift, auch den Rock zu lassen. So kann man arm werden. Aber „gefährlich“ ist kein Wort, das im Gedankengang Jesu Bedeutung bekäme. Hier spricht der, der zum Kreuze ging, und für ihn gibt es keine Angst vor der Gefahr.
Das Urteil, es sei unmöglich und gefährlich, das zu bekommen, was Jesus hier verheißen hat, entsteht aus dem auf die Natur gerichteten Blick. Sie gibt uns den selbstischen Willen, der auf jede Verletzung mit dem Zorn reagiert, und schafft als eines ihrer Kunstwerke den Helden mit dem prachtvollen Zorn, und aus der Stärke des selbstischen Willens entsteht die gefährdete Lage der

Frauen, und die Unentbehrlichkeit der Lüge, durch die wir unsere Interessen vor dem Eingriff der anderen schützen, und jene mühsame Bändigung des Unrechts, die wir durch die Vergeltung erreichen, und die Verengung der Liebe zur Gegenseitigkeit. Das ist Natur. Jesus aber hat gesagt: Gott ist nicht so; er ist vollkom- V48
men in seiner Güte, und zwar auch der Gott der Natur ist nicht so; denn er läßt seine Sonne über Gute und Böse scheinen und gibt den Gerechten und den Ungerechten den Regen. Somit hat unser Leben eine zwiefache Wurzel. Es fließt aus dem natürlichen Quell; wir sind das, wozu die Natur uns macht; und es stammt aus dem, was Gott ist und Gott gibt und Gott aus uns macht. Weil diese Doppelheit im Leben des Jüngers vorhanden ist, ist er ein Hoffender, und als solchen beschreibt ihn auch dieser Teil der Rede. Sie spricht zu denen, die zur Herrschaft Gottes gelangen wollen und Gottes Kinder werden wollen und vollkommen sein wollen, wie ihr Vater es ist. Zu Hoffenden macht uns aber Jesus dadurch, daß er uns zu Glaubenden macht, und der Glaube empfängt.

Die Freiheit des Gottesdienstes

Matthäus 6, 1–18

V1 Die alte Gemeinde brachte nicht nur den Menschen zum Menschen, sondern stellte alle ihre Glieder auch vor Gott. Sie übte gemeinsamen Gottesdienst. Nun wird auch der Gottesdienst durch den Christus neu. Was kennzeichnet den Gottesdienst der neuen Gemeinde und trennt ihn von der alten Weise? Jesus redet hier nicht von dem, was das Gesetz der Gemeinde als ihren Gottesdienst befahl, nicht vom Tempel, Priester und Opfer, nicht vom Sabbat und den Festen, nicht vom Zehnten und der Reinheit, sondern von den freien Leistungen, die das Gesetz nicht erfaßte, sondern der eigenen Entschließung des einzelnen übergab, weil sie aus der freien Liebe Gottes stammen. Drei solche Handlungen pflegte die alte Gemeinde, die Wohltätigkeit, das Gebet und das Fasten. Alle diese drei Funktionen ließ das Gesetz frei. Sie waren nach der pharisäischen Denkweise nicht Pflicht, „Schuld", sondern „Verdienst", über das der Mensch nach seiner eigenen Vollmacht verfügt. Bleibt aber, wie das vorangehende Stück der Rede gezeigt hat, die dem Menschen gegebene Liebe krank, dann ist es auch die Gott dargebrachte Liebe. Ihr Schade entstand daraus, daß die alte Gemeinde den Menschen knechtete und dadurch von Gott wegriß. Die Kirche trat an Gottes Statt. Damit hebt Jesus eine Not ans Licht, die uns in jeder Form der Gemeinschaft aufs schwerste quält, um so mehr, je fester die Gemeinschaft ist. Die befreiende Gemeinschaft ist ein hohes Ziel, und doch, wo ist uns die Freiheit unentbehrlicher als im Gottesdienst?

V2 Jesus beschreibt den Wohltäter, neben dem der Posaunenbläser steht, der die Größe der Wohltat durch sein Blasen verkündet. Hier hat Jesus sein Wort in die Glut seiner starken Liebe getaucht, die das Böse tödlich treffen und dem Jünger das Auge öffnen will. Darum malt er hier sein Bild mit greller Farbe. Es ist aber schwerlich willkürlich von ihm geformt. Die jüdische Gemeinde anerkannte die Verpflichtung, für ihre Armen zu sorgen, und verschaffte sich dazu die Mittel durch freiwillige Gaben. Das führte zu Kollekten, die in der versammelten Gemeinde vorgenommen wurden. Dabei war der Gemeindediener mit der

Posaune anwesend, und nun konnte es geschehen, daß die große Gabe durch einen Posaunenstoß angezeigt und verdankt wurde. Die Posaune sollte nicht bloß in die menschlichen Ohren klingen, sondern auch im Himmel gehört werden. Der Wohltäter wird durch den Klang der Posaune der Aufmerksamkeit Gottes empfohlen, damit Gott sein Lohner sei. Dann beschreibt uns Jesus den Beter, der zum Gebet in den Betsaal geht oder in die Ecke der Straße sich stellt, weil ihm das Gebet an Wert verlöre, wenn er nicht beobachtet würde, und den Fastenden, der in Miene und Tracht allen sichtbar macht, daß er sich in Leid und Reue jetzt vor Gott demütigt.

Was ist hier geschehen? Auch im gottesdienstlichen Handeln ist der Beobachter mit dabei. Der Mensch steht nie mehr allein vor seinem Gott, sondern klebt am Menschen, auch wenn er vor Gott steht. Wie es dazu kam, ist völlig durchsichtig. Aus der Festigkeit des Gemeindeverbands ergab sich, daß das religiöse Verhalten eines jeden zum gemeinsamen Anliegen für alle wurde. Jeder kontrollierte beständig jeden. Denn nach dem Maß des frommen Verhaltens wurden die Ehre und die Schande ausgeteilt. Der Fromme wird Ältester, der Sünder dagegen von allen entehrt. Es fließen also aus dem religiösen Verhalten sofort greifbare Folgen. Dadurch wird der Wille im religiösen Vorgang gespalten. Der Blick geht zu Gott und zum Beobachter zugleich. Der Mensch sucht Gottes Gabe und die Ehre bei der Gemeinde. Dadurch legt diese auf ihre Glieder einen sie knechtenden Druck; sie bescheinigt ihnen ihre Frömmigkeit und verurteilt ihre Gottlosigkeit.

Jesus kennzeichnet die Verwerflichkeit dieser Frömmigkeit dadurch, daß er sie ein „Schauspiel" heißt. Der Mensch stellt die Frömmigkeit dar; sie wird, wenn sie ausgestellt wird, notwendig zu einer Aufführung, bei der die Rollen des Wohltäters, Beters und Büßers gespielt werden. Damit wird jene Not sichtbar, die immer am Gesetz entsteht, daß sich das Sein und die Erscheinung trennen. Der Vorwurf „Heuchler" schließt nicht aus, daß die Rollen mit ernstem Eifer und angestrengter Hingabe gespielt werden. Der Name, den Jesus diesen Frommen gibt, sagt aber, daß der Zweck der Aufführung in den Zuschauern liege, die vor der Bühne sitzen, und im Schauspieler selbst; denn dieser begehrt und bekommt für seine wohlgespielte Rolle den Beifall und den Sold. „Sie haben ihren Lohn fertig und ganz bekommen", sagte Jesus.

V3 Aus dieser Knechtschaft macht Jesus die Jünger frei. Auch er rechnet die Wohltätigkeit zum Gottesdienst und nennt sie einen Teil der Gerechtigkeit. Er stellt aber den Jünger bei seinem Wohltun allein vor Gott, während der Nebenmann verschwindet. Gott wird um seinetwillen geehrt, wie Jesus auch im Tempel sagte, daß es unmöglich sei, daß Gottes Haus ein Geschäftshaus sei. Nachdem das fremde Auge ausgeschlossen ist, fährt er folgerichtig fort und läßt nicht zu, daß unser eigener Blick wohlgefällig bei unserer Wohltat verweile. Die linke Hand soll nicht erfahren, daß die rechte gibt. Nun erst ist der Jünger wirklich vom Pharisäer getrennt. Wenn er sich selber mit Wohlgefallen beschaut, bleibt er des Zuschauers bedürftig. Frei von den Menschen wird er nur, wenn er auch frei von sich selber geworden ist.

V4 Unmögliches sei hier verlangt, sagt man, und die Einrede gegen dieses Gebot Jesu ist ebenso stürmisch wie die, die sich gegen sein Liebesgebot auflehnt, das unserem Dulden die Vollständigkeit und unserem Lieben die Freiheit gibt. Brauchen wir denn nicht einen Stützpunkt, der uns vor Gott und Menschen den festen Stand gewährt? und wo sollen wir ihn finden, wenn uns die Betrachtung unseres guten Werkes verboten ist? Ehre bedarf der Mensch; ohne sie kann er nicht leben. Wie soll er sie finden, wenn die Richtigkeit seines Handelns sie ihm nicht gewährt? Auf diese Einrede antwortet Jesus: „Dein Vater sieht dich." Du hast ja einen Zeugen für dein Wohltun; begehrst du noch einen anderen? Ist dir Gott nicht genug? Brauchst du neben ihm noch jemand, der dich ehrt und dir vergilt? Oder willst du dich selber loben und verehren? Dann hast du den Vater vergessen und verleugnet. Sein Wohlgefallen ist der Stützpunkt, den du bedarfst und den du verlierst, wenn du dir selber deine Gerechtigkeit und deine Ehre mit deinem guten Werk bereiten willst.

V5 Frei werden von der Betrachtung des eigenen Werkes, frei werden von seinem eigenen Gewissen kann der Jünger freilich nur deshalb, weil er bei Jesus ist. Stellt er sich zum Pharisäer unter das Gesetz, dann muß er Jesus widersprechen. Denn das Gesetz verweist ihn auf sich selbst und seine Leistung, und dadurch wird ihm das Verzeichnis seiner guten Werke unentbehrlich und das Urteil seines Gewissens zur höchsten Instanz. Darum versinkt er ohne die Freude, die ihm der Anblick seiner Tüchtigkeit gewährt, in den Zweifel und in die Angst. Wieder tritt ans Licht, daß die

Gerechtigkeit, von der Jesus spricht, nicht die der Pharisäer, nicht die des Gesetzes ist.

Den Beter holt Jesus aus dem Betsaal heraus und nimmt ihn von V6ff.
der Straße weg und schickt ihn in den Speicher, der deshalb der rechte Ort für den Umgang mit Gott ist, weil er eine Tür und einen Riegel hat. Er ist mit den Dingen gefüllt, die dem natürlichen Bedürfnis dienen, aber das macht ihn nicht ungeeignet, um der Ort des Gebets zu sein. Damit hat Jesus dem Gottesdienst seiner Gemeinde seine herrliche Freiheit geschenkt. Versunken sind Tempel und Dome, Weihrauch und Orgelklang, jegliches Priesterornat. Die Sendung, die Jesus seinen Jüngern gab, hat sie nicht zu Erbauern von Kirchen gemacht. Die innere Voraussetzung dieser Freiheit ist, daß der Jünger sein Gebet nicht auf seine Stimmung gründet. Stimmungsvoll ist der Speicher, in dem er betet, nicht. Aber so wenig sein Anteil an Gott auf seinem Werk beruht, so wenig beruht er auf seinen Empfindungen. Er beruht darauf, daß ihn der Vater sieht. Verschwinden die heiligen Räume, so enden auch die heiligen Zeiten. Es gibt für die Gemeinde, die Jesus schafft, keinen religiösen Kalender mehr. Mit dem unheiligen Raum enden auch die unheiligen Tage. Es gibt keinen Tag, an dem der Vater abwesend wäre und den Dienst des Jüngers nicht sähe und sein Gebet nicht hörte.

Den Fastenden macht Jesus von den Wahrzeichen seiner Trauer V16ff.
frei. Er wasche sein Gesicht und tilge die Spuren seiner Tränen und glätte sein Haar. Das ist vielleicht das schwerste Stück der Freiheit, zu der Jesus die Jünger erhebt. Denn dieser Satz gibt ihnen die Befreiung vom bösen Gewissen, von den sie peinigenden Erinnerungen, von der sie verklagenden Reue. Ist nicht ihre Schuld Wirklichkeit, Tod wirkende und schändende Wirklichkeit? Sie ist es, aber sie bekommt ihre Regelung nicht durch die Menschen, sondern durch Gott. Ihm gehört die Träne des Büßenden; vor ihm spricht er über sich sein Urteil; vor ihm verneint er sein Recht und zerbricht er seine Ehre; vor ihm steht er in der Blöße seiner Schuld, vor ihm, der sieht und vergibt.

Ist durch diese Worte Jesu die Gemeinschaft nicht zerrissen? Das Amt des Christus ist es, die Gemeinde zu bauen. Kann sie noch entstehen, wenn die Liebe ihre Arbeit ohne Lärm vollbringt und der Beter in der Alltäglichkeit des Speichers verschwindet und der Büßende wie ein zum Fest geladener Mann aussieht? Versinkt nicht die Frömmigkeit auf diese Weise im Geheimnis des individuellen Lebens? Ist sie nun nicht zur „Privatsache" gemacht? Nicht die Gemeinschaft verschwindet, sondern ihre den Menschen knechtende und verderbende Gewalt. Befreiung ist nicht Vereinsamung. Der Jünger soll ja wohltun. Seine Rechte ballt sich nicht zusammen zur verschlossenen Faust, die gierig festhält, was sie hat, weil die Linke sie nicht mit ihrem Beifall begleitet. Sie öffnet sich und tut ihr Werk, und jetzt erst kann sie es so tun, daß mehr als ein vergiftendes Almosen daraus entsteht. Ist unser Blick nicht mehr an uns selbst gefesselt, dann erst ist er fähig, wahrzunehmen, was der andere ist und bedarf und wie ihm geholfen wird. Wer die Selbstlosigkeit empfangen hat, dem ist die Liebe gewährt; wie kann dadurch die Gemeinschaft gefährdet sein? Nun ist sie da. Durch die die Posaune blasende Wohltätigkeit entsteht sie dagegen nicht. Hat der Wohltäter die Posaune bei sich, so regiert ihn sein selbstischer Wille, und er nimmt an der Gemeinschaft nur deshalb teil, weil er dem Zwang gehorcht, sei es dem Gesetz der Natur oder dem Gesetz der Schrift, das es für jeden unmöglich macht, allein für sich zu leben. Für die anderen leben kann nur der, der von sich frei geworden ist.

V7f. Verstummt das Gebet, wenn der Liturg entlassen ist? Das war nicht Jesu Meinung. Matthäus hat mit wohl erwogener Absicht die Gebetsregel Jesu, das Unser-Vater, hierher gesetzt. Beseitigt hat Jesus die Gebet genannte Rhetorik; denn der Redner braucht den Hörer; beseitigt hat er die Gebetskunst; denn zur Kunst gehört eine Bühne, nicht ein Speicher. Dagegen ist das Gebet nicht verschwunden, und es ist immer, auch wenn es hinter einer
V9f. verriegelten Türe geschieht, das, was uns einigt. „Unser Vater", schon der Name Gottes macht jeder Verengung des Gebets, die es nur mit den eigenen Anliegen des Beters füllen möchte, ein Ende. Zur Vereinsamung führt das Gebet nur dann, wenn sich der Beter selbst zu Gott emporbewegt und sich selber seine Religion bereiten will. Erkennt er dagegen in Gott seinen Vater, so ist er vor den wirkenden Gott gestellt, durch den und für den er lebt. Deshalb erhebt das Gebet Jesu unser Verlangen zu den höchsten und letzten Zielen Gottes, zu seinem Namen, zu seiner Herrschaft und zu seinem Willen. Das sind nun auch die Anliegen des Beters, die seine ganze Liebe aufwecken; sie werden aber nie so die seinigen, daß er nur an sich selber denken könnte. In diesen Bitten werden
V11ff. alle eins, die Gott ihren Vater nennen. Aber auch dann, wenn sich

das Gebet Jesu zu dem wendet, was jeder Jünger für sich selber braucht, zur Erhaltung des Lebens, zur Vergebung der Schulden, zur Bewahrung vor der Versuchung und zur Rettung vor dem Verkläger, eint es ihn mit allen, die neben ihm im Dienst Jesu stehen. Was liegt an unserem Leben, wenn wir uns als einzelne betrachten? „An mir und meinem Leben liegt nichts auf dieser Erd." Diese Geringschätzung seines Lebens gestattet Jesus dem Jünger nicht. Denn er hat einen Dienst, den er ausrichten soll. Darum soll er um das Lebensmittel bitten. Seinen Dienst kann er aber nicht in vereinzelter Vereinsamung vollbringen, denn er ist das von der Jüngerschaft gemeinsam auszuführende Werk. Darum bittet er nicht um sein, sondern um unser Brot. In diesem gemeinsamen Dienst wird er zum Schuldner, und seine Schuld wird um so größer, je reicher er begnadet ist, und sie wird nicht ihm allein erlassen, sondern allen. Darauf, daß ihnen allen ihre Schulden vergeben werden, beruht das Gelingen ihres gemeinsamen Dienstes. Die Lage des Jüngers ist gefährdet, wieder um so mehr, je reicher er ist und je treuer er dient. Denn die Versuchung begleitet die Bevorzugung, die dem sonderlich Begnadeten gewährt wird, und der Verkläger ficht nicht die Schwachen an, sondern die Starken. Die Bewahrung kann er aber nicht für sich allein begehren, sondern er empfängt sie dadurch, daß sie wie ihm auch denen gewährt wird, mit denen er zum gemeinsamen Werk verbunden ist.

Wie soll gemeinsames Gebet zustande kommen, wenn der Mensch überhaupt nicht beten kann, weil er zu den Menschen hinüberschaut? Wie sollen geheiligte Tage entstehen, wenn nicht jeder Tag uns heilig ist? Und wie soll irgendein geweihter Ort uns die zum Gebet bereite Stimmung geben, wenn unser Speicher sie uns nicht zu geben vermag?

Die Gemeinsamkeit der Buße, die die Kraft der Gemeinschaft zur V14ff.
Abwehr des Sündlichen benutzt, ist ein wesentliches Merkmal der von Jesus begründeten Gemeinde. Leid macht uns der Gemeinschaft bedürftig, und im Kampf gegen das Böse stärkt uns der Beistand der anderen. Am richtenden Wort der anderen wird unser eigenes Gewissen klar, und an ihrem Glauben an Gottes Vergeben wird unser Glaube gewiß. Wir verzichten auf eine große Hilfe, wenn wir unsere Not und Sünde dem Blick der anderen entziehen. Aber gerade dann, wenn wir das Schwerste unternehmen, die gemeinsame Überwindung der uns verderbenden Vor-

gänge, erweist die Regel Jesu ihre Unentbehrlichkeit und Heilsamkeit. Nirgends schauspielert der Mensch so kunstvoll und so eifrig wie auf der Bußbank. Jeder, der schon anderen den Dienst tun durfte, den wir Beichte heißen, weiß, welche Not uns die zur Schau gestellte, als Rolle gespielte Buße macht. Heilsam wird die Beichte nur durch den Gehorsam gegen Jesu Gebot, nur dann, wenn sie mit gewaschenem Gesicht und gesalbtem Haar vollzogen wird, von denen, die von ihrem verklagenden Gewissen frei geworden sind, weil sie vor Gott stehen. Erst dann kann uns auch die Hilfe des Bruders hilfreich sein.

Was uns Jesus hier beschrieben hat, das ist die freie Gemeinde, die jeden, der zu ihr gehört, befreit. Wollen wir sie unmöglich heißen, weil es nur zwei Möglichkeiten gebe, entweder Verbundenheit mit den anderen und dann Verzicht auf die Wahrhaftigkeit und Beugung unter das von den anderen uns auferlegte Joch, oder Wahrhaftigkeit und Freiheit, dann aber Vereinsamung? Tatsache ist, daß uns Jesus die freie Gemeinschaft angeboten hat. Wer sagt, was Jesus uns angeboten habe, sei unmöglich? Sagt dies der Glaube?

Die vom Besitz befreite Jüngerschaft

Matthäus 6, 19–34

„Ihr habt gehört, daß zu den Alten gesagt wurde: du sollst nicht
stehlen. Ich aber sage euch: ihr sollt nicht Schätze auf der Erde
sammeln“; stände ein solches Wort im Zusammenhang von 5,
21–48, so wäre es mit dem, was dort über die alten göttlichen
Verbote gesagt ist, völlig parallel. Die neuen Worte Jesu stehen
zur vorhandenen Frömmigkeit und geltenden Sitte im selben
Verhältnis wie das, was er über die Unverletzlichkeit des Lebens
und der Ehe und über die Wahrhaftigkeit, das Recht und die Liebe
sagte. Es ist aber ein Kennzeichen Jesu, daß er die Regel, die
unser Verhältnis zu unserem Eigentum ordnet, nicht mit jenen
Normen verbunden hat, die unseren Verkehr miteinander richtig
machen. Jesus sorgt zuerst für den Menschen, nicht für seinen
Besitz. Aber auch der Weise, wie wir uns zu unserem Eigentum V19ff.
verhalten, kommt große Wichtigkeit zu. Über den Willen Jesu
können wir nach dem, was er uns früher gesagt hat, nicht im
Zweifel sein. Euer Gottesdienst, sagte er den Jüngern, gilt Gott
allein; euren Lohn sucht ihr bei Gott allein. Wenn nun das die
Frage ist, wofür wir arbeiten, die Lebensmittel erwerben, Arbeits-
erträge ansammeln und uns einen Schatz verschaffen, so wird
seine Antwort wieder sein: Das tut ihr nicht für euch, damit ihr
reichlich eßt und hübsch gekleidet seid, Besitz anhäuft und reich
werdet. Weil das Ziel eures Lebens in Gott liegt, liegt in ihm auch
das Ziel eurer Arbeit. Sucht Gottes Herrschaft und Gottes
Gerechtigkeit; der Schatz, der als Frucht aus eurer Arbeit ent-
steht, muß im Himmel sein.

Bei dem im Himmel uns gehörenden Schatz dachte Jesus nicht
daran, daß auf die Armut auf Erden einst im Himmel Reichtum
folgen werde. Das war die mittelalterliche Deutung dieses Wor-
tes. Die alten Mönche sagten: jetzt auf der Erde sind wir arm,
damit wir einst im Himmel reich seien. Wenn aber Jesus unseren
Blick zum Himmel erhebt, dann spricht er nicht von uns, nicht von
dem uns bereiteten Ort, an dem wir einst herrlich und selig leben
werden, sondern dann spricht er von Gott. Der im Himmel
erworbene Schatz liegt in Gottes Hand und besteht in dem, was
Gott für uns ist. Gottes Lob und Gerechtsprechung, Gottes Segen

und Gaben, das ist es, was Jesus zum Ziel und Ertrag unserer Arbeit macht.

V25ff. Von der lockenden, fesselnden Macht des Reichtums werden wir uns nur dann frei halten, wenn unser Verhältnis zu dem, was die Natur zur Lebensbedingung für uns macht, geordnet ist. Nennt die Frage: Was sollen wir essen, trinken und anziehen? das große Anliegen, das uns in Atem hält, dann werden wir, soweit es möglich ist, unser Leben dazu verwenden, um den irdischen Schatz zu sammeln, und in unserem Besitz, unserem Mammon, den Herrn bekommen, der uns in seinen Dienst zwingt. Darum nahm Jesus den Jüngern, weil er sie von ihrem Besitz frei machen will, die Sorge aus der Seele. Er hat dabei schwerlich nur an den Kummer gedacht, der uns dann quält, wenn uns die Lebensmittel
V32 nur unzureichend erreichbar sind. Wenn Jesus von der jenseits Israels lebenden Menschheit sagt, sie sei mit der Frage, was man esse, trinke und anziehe, beschäftigt, so meint er sicher nicht, daß die Heiden alle in Kummer und Sorge leben. Er wußte, daß es in Tyrus oder Gadara nicht lauter darbende, mit Kummer geplagte Menschen gab, daß man dort vielmehr recht vergnügt lebte, und kannte den vornehmen Römer und reichen Griechen wohl. Vielmehr sagt er, daß das Essen und Trinken und die Kleidung dort, wo der Mensch seine eigenen Wege gehen muß und in keiner persönlichen, eigenen Verbindung mit Gott steht, das große Hauptanliegen sei, das dem Leben die Füllung gebe. Da wir das falsche Begehren nur durch das richtige überwinden können, ersetzt er die Frage nach der Speise und der Kleidung durch
V33 dasjenige Trachten, das nach der Herrschaft und Gerechtigkeit Gottes verlangt. Damit hat er nicht einen Kummer neben einen Kummer gesetzt. Aus dem auf Gottes Reich gerichteten Blick entsteht keine bekümmerte Sorge. Gottes Herrschaft steht fest, und Gottes Gerechtigkeit tut ihr Werk ohne Schwanken, und auch aus der Frage, ob wir an ihr Anteil bekommen, entsteht bei Jesus keine Sorge im kummervollen Sinn. Das Trachten nach dem, was Gottes ist, erwächst nicht aus der Not, sondern aus der Herrlichkeit dessen, was Gottes Verheißung uns zeigt. Mit dem letzten Wort verlangt Jesus von uns, daß wir sorgen, und dies Tag um Tag, an jedem Tag für das, was jetzt nötig ist. Er verlangt nicht, daß wir jeden Tag in kummervoller Sorge leben. Denken wir bei diesen Worten Jesu nur an den Kummer, dann beschränken wir ihre Geltung auf die Armen, und doch hat die Frage: Was werden wir

essen und trinken und was werden wir anziehen? im Leben der Armen längst nicht dieselbe verheerende Wirkung und alles andere verdrängende Macht wie im Leben der Reichen. Je größer der Besitz wird, um so gewichtiger und verwickelter wird die Frage, wie er zu möglichst großem Genuß verwendet werden kann. Jesus spricht von der Wertschätzung der natürlichen Güter, die uns treibt, in ihrem Erwerb das Ziel unserer Arbeit zu sehen.

Warum sollen wir uns nicht um die natürlichen Güter bemühen? Sind wir ihrer nicht bedürftig? „Euer Vater weiß," sagt Jesus, „daß ihr sie bedürft." Auch davon ist nicht die Rede, daß wir unseren Anteil an den Lebensmitteln möglichst beschränken, wenig und schlecht essen und uns ärmlich kleiden sollen. Jesus zeigt auf das Prachtgewand der Lilie hin, das auch salomonischer Luxus nicht erreicht, und wenn er an die Vögel erinnert, die weder säen noch ernten, so meinte er nicht, die Vögel müßten darben und würden schlecht ernährt.

Warum sollen wir also nicht nach den natürlichen Gütern streben? Sie werden euch gegeben, sagt Jesus; empfangen sollt ihr sie. Sie werden euch gegeben, wie euch der Leib und die Seele gegeben sind, die nicht ihr euch erworben habt, wie das Lebensalter dem Menschen gesetzt ist, da er weder über seinen Geburtstag noch über seinen Todestag verfügt. Wieder tritt jene Gewißheit ans Licht, die das innerste Besitztum Jesu war, die in der Verkündigung der Gottesherrschaft jubelt und in seinem Sohnesbewußtsein leuchtet und seinem Christusnamen den Inhalt gibt und sein Kreuz bestrahlt: der gebende Gott.

Sind aber unsere Lebensmittel Gottes Gabe, dann bleiben sie in Gottes Hand, und damit endet ihre Anhäufung. Der, der den irdischen Schatz sammelt, bringt die Lebensmittel in seine eigene Hand. Das ergibt die gottlose Ausnützung der Natur. Gottlos ist sie, weil sie ungläubig ist. Ist Gott der Gebende, was ist dann der Mensch? Er ist der Glaubende, der Trauende. Göttliches Geben und menschliches Glauben sind bei Jesus die einander entsprechenden Vorgänge, durch die das normale, gerechte Verhältnis zwischen Gott und dem Menschen hergestellt wird. Das Brot und den Rock macht Jesus zum Gegenstand unseres Glaubens, weil sie Gottes Gaben sind. Man kann bei Jesus nicht an Gott glauben, ohne daß man an die Natur gläubig wird und gläubig mit der Natur umgeht. Darum richtet er unseren Blick eben jetzt, da er uns von V26ff den natürlichen Bedürfnissen frei macht, auf die Natur, auf die Weise, wie ein Mensch wird und Leib und Seele bekommt ohne sein Zutun, und wie er wächst und altert ohne sein Zutun, und wie die Vögel leben und die Lilien sich färben. Er erhebt uns über die Natur; denn er bindet uns an Gott allein. Das tut er aber nicht, weil er die Natur fürchtet, haßt und aus ihr herausstrebt und vor ihr flieht. Sie war für ihn völlig die Vermittlerin des göttlichen Wirkens. Darum stellt er uns gläubig in die Natur hinein; denn er stellt uns gläubig vor Gott.

V30 Er weiß wohl, wie schwer uns im Verkehr mit der Natur der Glaube wird. Die ganze vor ihm sitzende Schar nannte er „kurzgläubig". Das „kleingläubig" unserer deutschen Bibel legt uns leicht einen Gedanken in die Seele, den Jesus verworfen hat. Er hat freilich „kleinen" und „großen Glauben" unterschieden, hat aber Gottes Gabe nicht von der Größe unseres Glaubens abhängig gemacht und nicht gesagt, daß uns die Kleinheit unseres Glaubens der göttlichen Hilfe beraube. Vielmehr hat er dem Glauben, sowie er vorhanden ist, auch wenn er nur im kleinsten Maß vorhanden ist und nur einem Senfkorn gleicht, Gottes allmächtige Gnade zugesagt. Das scheltende Wort Jesu trifft den „Kurzgläubigen", den, dessen Glaube gleich wieder endet, sowie ein ernster Anspruch an ihn gestellt wird, und diese Unfähigkeit zum Glauben sieht Jesus auch bei denen, die seinem Ruf gehorcht hatten und imstande waren, ihn den Christus zu heißen und die Gaben der ewigen Herrlichkeit Gottes von ihm zu erwarten. Auch ihnen versinkt der Glaube, wenn das Brot in Frage steht und sich die natürlichen Bedürfnisse melden.

Seine Klage über unsere Unfähigkeit zum Glauben wird durch die überlaute Einrede bestätigt, die sich gegen diese Worte Jesu in uns erhebt. Spricht er nicht wie ein Kind, das von den wirtschaftlichen Notwendigkeiten keine Ahnung hat? Können wir denn nur empfangen und glauben? Arbeiten müssen wir. Was sollen wir mit einem Unterricht anfangen, in dem diese erste und wichtigste Bedingung, an der unsere Erhaltung hängt, fehlt?

Fehlt die Arbeit hier wirklich? „Die Vögel säen und ernten nicht und sammeln nicht in die Scheunen." Meint Jesus, das Brot entstehe, ohne daß jemand sät und erntet und die Ernte in die Scheune bringt? „Die Lilien arbeiten und spinnen nicht." Meint er, daß ein Rock entstehe ohne Arbeit und Spinnrad? Wer so auslegt, sagt, Jesus habe sein und der Seinen Leben auf ein beständig geschehendes Wunder gestellt. Aber ein ohne Unterbrechung geschehendes Wunder ist kein Wunder mehr und ist Jesus fremd. In die Natur hinein hat er sich und uns gestellt als in Gottes Werk. Deshalb hat er nicht den Arbeitenden und Spinnenden, den Säenden und Erntenden ungläubig genannt; im Gegenteil, dadurch gehorcht der Mensch dem Anspruch der Natur, der die Arbeit von ihm verlangt, und empfängt nun durch seine Arbeit das, was Gott den Vögeln, ohne daß sie säen und ernten, und den Lilien, ohne daß sie spinnen, gibt.

Der Einwurf: „Ich kann doch nicht einzig glauben“ ist eine kindische Rede und hat Jesus nicht verstanden; denn sie weiß nicht, was Glaube ist. Was heißt glauben? Daß wir Gottes Gaben begehren. An den wirkenden Gott wendet sich der Glaube. Werden wir begabt, dann haben wir nicht einzig Glauben, sondern Gottes Gabe und erleben den wirkenden Gott. Wirkt er, so tut er es dazu, damit wir wirken. Gibt er, so tut er es dazu, damit wir nehmen. Wir können nicht glauben, wenn wir nicht nehmen, was Gott uns gibt. Aus seinem Werk entsteht unser Werk, aus seiner Gabe unsere Arbeit. Wir nehmen, was er uns gibt, dadurch, daß wir die Arbeit tun, die uns die Lebensmittel verschafft. Darum endet der Unterricht Jesu nicht damit, daß nun die Bemühung um
die Lebensmittel verschwunden wäre. „Sorgt“, lautet das Schluß- V34
wort, nicht als ein Widerruf, der das Vorangehende als einen unerfüllbaren Traum schließlich preisgäbe, sondern so, daß dadurch das Ziel des ganzen Unterrichts ans Licht tritt; sorgt, nun aber in der richtigen und heilsamen Weise; sorgt für den heutigen Tag. Das heißt aber: sorgt ohne Ende und ohne Trägheit Tag um Tag.

Damit ist aber, lautet die Einrede, nicht aufgehoben, daß Jesus sich unserer Kultur widersetzt. So ist es in der Tat, und es wird von ihm klar gesagt, daß er das tue. „Die Völker“, sagt er, „streben nach den natürlichen Gütern“; für sie ist Speisung und Kleidung das große Anliegen, das ihr Leben füllt. Diese „Völker“, Athen und Rom, sind aber die Schöpfer unserer Kultur, und diese trägt heute noch dasselbe Merkmal, mit dem Jesus sie kennzeichnet. Sie besteht in der klugen und tatkräftigen Ausnutzung der Natur zur Herstellung unserer Lebens- und Genußmittel. Darum steigert sie beständig die Arbeitsweisen, durch die wir die Natur uns dienstbar machen, und vermehrt damit unsere Bedürfnisse, weil unvermeidlich aus jedem neuen Gut ein neues Bedürfnis entsteht.

Heute wird aber nicht schon der Vorwurf: „Ihr hemmt die Kultur“ die Wahl entscheiden können, ob wir den Weg Jesu gehen wollen oder den der Kultur. Denn wir befinden uns in einer „Krisis der Kultur“; das heißt, wir haben Grund uns zu besinnen, ob uns unsere Kultur verderbe oder ernähre, verelende oder beglücke.
Da Jesus seine Jünger von dem wegführte, was die Völker tun und die Kultur von ihnen verlangt, hat er sein Gebot reichlich begründet, negativ und positiv, sowohl dadurch, daß er den Schaden aufzeigt, als dadurch, daß er uns beschreibt, was wir auf seinem Weg empfangen.
Wir können die falsche Sucht nur durch die reine Liebe überwinden und den schlechten Willen nur durch den guten heilen. Was sollen wir begehren? Dem Jünger steht die Antwort hell in der Seele. Er bittet ja darum, daß Gottes Name geheiligt werde, Gottes Herrschaft komme und Gottes Wille geschehe. „Trachtet“, sagt ihm Jesus, „zuerst nach Gottes Herrschaft und Gottes Gerechtigkeit.“ Er wendet sich damit nicht an unser Verlangen nach Leben und Seligkeit. Wenn wir nur die natürliche Eigensucht durch die religiöse Eigensucht ersetzen, gewinnen wir die Freiheit von den natürlichen Gütern nicht. Gottes große Werke hält uns Jesus vor und macht sie zu unserem Ziel. Haben wir damit mehr als eine Hoffnung empfangen? Schenkt uns das Arbeit, Füllung des Lebens mit Pflicht und Dienst? So handeln, daß Gottes Herrlichkeit sichtbar wird, so handeln, daß seine Gnade empfangen wird, so handeln, daß seine Gerechtigkeit geschieht, die alles Böse verneint und uns Gott gehorsam macht, heißt das nicht einen Beruf besitzen, einen unerschöpflichen, unendlich reichen, immer tätigen? Damit ist aber das natürliche Bedürfnis und seine Befriedigung aus der zentralen Stelle verdrängt.
Ihr könnt Gott dienen, sagt Jesus, wie ein Knecht, der seine ganze
V24 Arbeit für seinen Herrn tut, weil er ihm gehört. Das könnt ihr aber nicht, wenn ihr die Knechte eures Besitzes seid. Dienstbar ist der Mensch immer; denn er bekommt seine Motive von außen. Sein Leben ist nicht in sich abgeschlossen; denn die Gründe seines Lebens liegen über und unter ihm. Von beiden Seiten wird er so gefaßt, daß er in eine vollständige Abhängigkeit gerät, und empfängt von oben oder von unten eine Liebe, die ihn ganz beherrscht. Darum sind wir zur Wahl berufen. Entweder Gott oder unser Eigentum, diese Wahl ist für den Jünger entschieden.

Der Schatz, sagt Jesus, formt das Herz, so daß es da ist, wo sich unser Schatz befindet. Es ist somit entweder im Himmel oder auf der Erde. Auch hier ist nicht an einen zukünftigen Aufenthalt im Himmel gedacht, sondern daran, daß unser Herz jetzt im Himmel sein soll. Dort ist es, wenn ihm Gott gegenwärtig ist. Damit ist wieder gesagt, daß der Platz, den wir den natürlichen Bedürfnissen einräumen, durchgreifende, entscheidende Folgen für unser religiöses Verhalten habe. Die Verbundenheit mit Gott hört auf, wenn wir das Ziel unserer Arbeit in den natürlichen Bereich verlegen.

Dein Auge wird schlimm, sagt Jesus, wenn du den Schatz auf der V22f.
Erde sammelst. Das schlimme Auge ist das neidische, das nicht geben kann. Es sieht nur noch den eigenen Vorteil und nicht mehr, was der andere bedarf. Wenn aber das Auge schlimm ist, dann ist der Mensch mit allem, was er denkt und tut, in die Finsternis versenkt. Wir machen, wenn wir an unseren Besitz verknechtet sind, aus der menschlichen Gemeinschaft den Herd aller Bosheit und Ungerechtigkeit. Ist das Auge dagegen gütig und freigebig, dann ist der ganze Mensch ins Licht versetzt.

Wenn euer Begehren, sagt Jesus weiter, nach den natürlichen V34
Dingen greift, dann flattert es beständig in der Zukunft herum. Ihr könnt das Heute nicht erfassen und verträumt das Jetzt, weil ihr euch mit euren Wünschen und Gedanken immer schon mit dem kommenden Tag beschäftigt. Das gehört untrennbar zusammen mit dem gläubigen Verhalten gegenüber der Natur und ergibt die gläubige Haltung gegenüber der Zeit. Nun hören wir den Anspruch, den die Stunde an uns stellt, geben uns ihr ohne Vorbehalt hin mit ungeteilter Liebe, und tun, was sie begehrt. Statt dessen rauscht, sowie wir die Natur gottlos und ungläubig behandeln, das Heute leer an uns vorbei, weil wir uns immer hungrig und niemals befriedigt nach der Zukunft strecken. Das vertrödelte, versäumte und verträumte Jetzt ist ein großes Stück der menschlichen Not.

Damit, sagt Jesus, macht ihr eure Plage groß. Eine Plage nennt er es, daß wir uns um Essen und Trinken und Kleidung bemühen müssen. Damit widerlegt er die, die über seine kindliche Vorstellung von der Natur lächeln und sagen, er kenne ja nur vergnügte Vögel und glänzende Lilien und denke nur an das Zweckmäßige in der Natur und verhülle sich ihre spröde Härte, die aus unserem Bemühen, die Lebensmittel zu gewinnen, ein gefährliches und

beschwerliches Ringen macht. Plage ist es, sagt er, was uns die Natur bereitet, und die Plage kommt nicht nur dann, wenn uns Kummer quält. Immer entsteht aus der Notwendigkeit, die natürlichen Lebensbedingungen herzustellen, ein Druck, der umso schmerzhafter drückt, je größer unser Anteil am Reichtum Jesu ist. Wenn unser Herz im Himmel ist und Gottes Herrschaft und Gerechtigkeit uns die Ziele unserer Arbeit darreichen, dann wird aus unserer Abhängigkeit von Speise und Kleidung eine Not. Diese Plage wird aber auf ihr notwendiges und von Gott gewolltes Maß beschränkt, wenn wir für den heutigen Tag leben in Kraft jener Freiheit vom Natürlichen, die uns dann zuteil wird, wenn wir nicht an unseren Besitz, sondern an Gott gebunden sind und unser Herz in Gottes Gegenwart seine Gedanken und Wünsche formt.
Wollen wir sagen, das Gebot Jesu verlange Unmögliches? Hat Matthäus, als er diese Worte schrieb, so geurteilt? Schrieb er sie mit bösem Gewissen in der Meinung, die Kirche habe diesem Gebot Jesu nicht gehorcht und könne es auch nicht? Zu dieser Vermutung liegt gar kein Anlaß vor. Was tat die Kirche der Apostel? Hob sie das Eigentum auf? War sie eine Gemeinschaft von Besitzlosen? Nein; es ist völlig deutlich, daß die apostolische Gemeinde das Eigentum als unverletzlich achtete. Sie tat dies nicht bloß deshalb, weil eines jener „kleinen Gebote", die Jesus bestätigt hat, lautet: „Du sollst nicht stehlen", sondern sie behielt ihr Eigentum im Gehorsam gegen Jesu Gebot. Er hatte den Leib und die Seele, den Rock und das Brot Gottes Gabe genannt. Gottes Gaben verachtet man nicht und wirft sie nicht weg. Ebenso deutlich ist, daß die Apostel aus der Gemeinde keine Erwerbsgenossenschaft machten. Die Gemeinde hat freilich für alle Bedürfnisse ihrer Glieder gesorgt und sich darum auch ein Amt geschaffen, das ihren natürlichen Bedürfnissen diente, das Diakonat. Als die Kirche dieses wieder zerstört hat, hat sie sich schwer gelähmt. Daß es darbende Witwen in ihrem Kreis gebe, hieß die erste Gemeinde unerhört und unter derselben Regel standen die Kinder, die Fremden, die Arbeitslosen, die Kranken. Aber völlig deutlich ist, daß das Ziel der Gemeinde nie einzig in diesen Leistungen lag, sondern daß sie im Wort ihren wichtigsten Besitz sah und zum Dienst Gottes vereinigt war. Weiter ist deutlich, daß die Gemeinde nicht zuließ, daß ihre Einheit an den Unterschieden im Besitz zerbrach. Nicht zur Trennung, sondern zur Verbindung

der Gemeinde diente ihr ihr Besitz. Darum hat sie es auch dankbar als Wohltat geschätzt, daß einige der führenden Männer, wie Barnabas und Paulus, auf den Besitz verzichteten und von ihrer Arbeit lebten. Im Vermögen zu entsagen wurde die Freiheit offenbar, die die Gemeinde über die natürlichen Bedürfnisse und Güter erhob. Ist die Gemeinde dadurch dem Wort Jesu gehorsam geworden? Sie war es, und sie ging daran nicht zu Grunde. Sie hat Gottes Herrschaft und Gerechtigkeit gesucht, hat die natürliche Begehrlichkeit in sich getilgt und sich sowohl im Verzichten als im Gebrauchen als frei bewährt. Der Segen, den diese Art, ihr Vermögen zu verwalten, ihr eingetragen hat, ist offenbar; sie war eine Quelle ihrer Kraft.

Die Rüstung der Jünger für ihren Kampf

Matthäus 7, 1–27

Von der Judenschaft hat Jesus seine Jünger weit weggeführt. Kehren sie in die jüdische Gemeinschaft zurück, so wartet auf sie ein harter Kampf. Für diesen macht sie Jesus stark.

Jesus hatte mit ihnen davon gesprochen, wie sie in Gottes Reich kommen. Den Zugang zum Reich öffnet ihnen das göttliche Vergeben, und sie haben dieses dadurch empfangen, daß sie sich mit Jesus verbunden haben. Nun gilt es aber, das Empfangene zu bewahren. Gottes Vergebung kann der Jünger nur dadurch bewahren, daß auch er vergibt, und damit stellt er sich in einen gründlichen Gegensatz zur alten Frömmigkeit. Denn diese verbot
ihnen das Vergeben und machte ihnen das Richten zur Pflicht.
V1 Darum sagt Jesus den Jüngern: „Richtet nicht.“ Für ein jüdisches
Ohr war dies ebenso unerhört wie alles, was die vorangehenden
Sprüche gebieten. Wie kann das Gesetz in Geltung bleiben, wenn
nicht gerichtet wird? Würde das Gericht unterlassen, so wäre dem
Gesetz der Gehorsam versagt. Darum betrieb die alte Gemeinde
das Richten als ein wesentliches Stück ihres Gottesdienstes mit
dem ganzen Eifer, den sie in ihre Erfüllung des Gesetzes hinein-
V2 legte. Sie richteten, als würden sie selbst nicht gerichtet. Darum
sagt Jesus, daß das Gerichtetwerden die notwendige Folge aus
unserem Richten sei. Wahrheit ist immer das Merkmal des
göttlichen Wirkens. Willkürliche Gunst gibt es bei Gott nicht. Wer
das Recht gegen die anderen anruft, hat sich selbst unter dasselbe
gestellt. Die den anderen verweigerte Vergebung bedeutet den
Verzicht auf sie. Der Jünger wird, weil er mit Jesus verbunden ist,
nicht dem Gericht unterworfen; ihm ist die Vergebung geschenkt.
Er hat nun aber vielfach Anlaß, das ihm Geschenkte sorgsam zu
hüten. Denn es wird ihm im Verkehr mit seinem Volk viel Unrecht
geschehen. Manches böse Wort muß er ertragen, und die Verwei-
gerung der Gemeinschaft kann ihn hart treffen. Er darf sich aber
dadurch nicht auf die alte Bahn zurückdrängen lassen und seinen
Schutz nicht darin suchen, daß er den anderen ihre Bosheiten
vergilt. Sein Schutz besteht darin, daß er vergibt; denn er steht im
Dienst dessen, den die göttliche Gnade in die Welt gesandt hat.

Nicht als der Richtende, sondern als der Helfende hat er an denen zu handeln, die sündigten. Aber nur dann ist der Jünger zur wirksamen Hilfeleistung fähig, wenn das göttliche Urteil in seiner für alle gültigen Unparteilichkeit über beiden steht, über dem, der der Aufrichtung bedarf, und über dem, der ihm zu helfen versucht. Die Jünger haben von Jesus das Bußwort empfangen und geben es weiter. Sie würden es unfruchtbar machen und sich versündigen, wenn sie sich selbst von ihm befreiten und es nur auf die anderen legten. Nur dann, wenn sie bei sich selbst wegtun, was Jesus verwirft, kann ihr Wirken auch für andere heilsam sein.

Weil die alte Gemeinde unter dem Gesetz stand, hat sie auch den Zwang verwendet, um die Einheit der heiligen Gemeinde mit dem Volkstum durchzusetzen. Das stand in engster Verbindung mit dem strengen Strafrecht, unter das alle gestellt waren, und mit den eifrigen Besserungsversuchen, die an jedem vorgenommen wurden, der von der Regel abwich. Jesus gestattet dagegen seinen Jüngern keinen Zwang. Es gibt Unempfänglichkeit, für die die Verheißung der Gottesherrschaft und darum auch die Einladung zur Buße nichts bedeuten. Dann hat der Jünger kein Mittel, mit dem er die Unempfänglichen dennoch zur Annahme seines Wortes bewegen könnte. Brauchte er Gewalt, so bewirkte er nur die Entweihung des Heiligen und erregte gegen sich selbst den gewalttätigen Widerstand.

Noch anderes und noch schwereres widersteht der Wirksamkeit
der Jünger. Ehe aber Jesus davon spricht, zeigt er ihnen die V7f.
Quellen ihrer Kraft. Sie können so bitten, daß ihnen gegeben wird, und sie haben in der Gemeinschaft mit Jesus die Liebe empfangen. Steht der Jünger vor der sittlichen Not der anderen, der er gern die Hilfe brächte, hat er ein verletztes Auge vor sich, das er heilen möchte, so wird er seiner Ohnmacht bewußt, und wenn sich ihm Unempfänglichkeit widersetzt, vor der er sich zurückziehen muß, so belädt ihn seine Sendung mit Leiden. Damit empfängt er den Antrieb zu dem, was er immer tun kann, zu jener Tätigkeit, die nie versagt, zum Bitten. Da er mit seinem ganzen Wirken an Gottes Wirken gebunden ist, ist sein ganzes Wirken auf das Bitten gestellt. Das Gebet des Jüngers unterscheidet sich also vom jüdischen Gebet nicht nur dadurch, daß das Übermaß der Gebetsübung, das sich in eine Menge von Worten ergießt, beseitigt wird, sondern auch dadurch, daß es nicht nur Danksagung und Beschreibung der göttlichen Größe, sondern auch ernsthaft Bitte ist. Denn der Jünger muß handeln; wer aber handelt, handelt

V9ff. gottlos, wenn er sein Wirken nicht mit seinem Bitten eint. Das Bitten bekommt seine Richtigkeit dadurch, daß es im Glauben wurzelt, den Jesus im Jünger dadurch begründet, daß er dem Bitten die unbegrenzte Verheißung gibt und an der gebenden Güte des menschlichen Vaters gegenüber seinem Sohn dem Jünger zeigt, was er von Gott zu erwarten habe.

Jesus hat den Glauben nicht als eine geheimnisvolle Kunst beschrieben, so daß er nur mühsam begründet werden könnte. Seine höchste Betätigung ist das Bitten. Um es uns zu geben, verwendet Jesus nicht schwer erreichbare Beobachtungen und fernliegende Motive, sondern richtet unseren Blick auf die Güte, die im natürlichen Verkehr des Vaters mit seinen Kindern wirksam wird. Schon die Natur gibt der an den Vater gerichteten Bitte Macht. Wir haben wieder vor Augen, wie freudig Jesus sich und uns in die Natur hineingestellt hat.

V12 Wo Glaube ist, da ist aber auch Liebe, und mit dieser ist dem Jünger die Regel gegeben, die sein ganzes Verhalten mit den Menschen ordnet. Wie der Glaube, so ist auch die Liebe nicht schwer zu lernen, da jeder in seinem eigenen Begehren den Maßstab für das hat, was er den anderen gewähren soll. Diese Regel macht den Jünger für die anderen zum Gebenden, somit zum Liebenden. Auch mit diesem Wort gibt Jesus der Liebe die Vollständigkeit, die sie vom Verhalten des anderen unabhängig macht. Wie er der Verkündigung des göttlichen Gebotes im Liebesgebot das Ziel und Ende gab, weil sich in ihm alles zusammenfaßt, was der göttliche Wille von uns verlangt, so nennt er hier den die Liebe beschreibenden Satz „das Gesetz und die Propheten“. Der Jünger darf gewiß sein, daß er in der Übereinstimmung mit der Schrift steht, wenn er zwischen sich und den anderen die eigensüchtige Trennung aufhebt und ihnen gewährt, was er für sich selbst als gerecht und heilsam begehrt.

V13f. Darauf spricht Jesus wieder von der Größe des Anspruchs, den er an die Jünger stellt. Zuerst stellt er ihre kleine Schar neben den geschlossenen, einträchtigen Verband des Volkes, von dem sie sich trennen müssen. Immer ist es eine harte Sache, eine kleine Minderheit zu sein, und für die Jünger war dies besonders schwer, da sie sich von Israel trennen mußten, bei dem sich der völkische und der religiöse Verband vollständig deckten. Zur Erwartung der Gottesherrschaft, mit der sie Jesus begnadet hatte, stand dies in einem rätselhaften, schwer zu tragenden Kontrast. Wem war denn das Reich verheißen, wenn nicht Israel? Dennoch ist nicht das große Tor, das jedermann sieht und jedermann benutzt, sondern das kleine Tor das von ihm gewählte, und nicht die breite Straße, auf der die Menge wandert, sondern der schmale Weg ist der von ihm begangene. Hier gibt es aber kein Schwanken. Tod oder Leben steht auf dem Spiel. Um das Leben zu gewinnen, ist keine Entsagung zu hart. Für den Blick Jesu wandert Israel dem Tod entgegen. Die Seinen führt Jesus dagegen ins Leben ein. Denn wer zu Gottes Reich gelangt, empfängt das ewige Leben.

Der Druck der öffentlichen Meinung und der Wille der Mehrheit V15f.
kann schwer auf der kleinen Jüngerschar lasten. Doch noch größer wird die Gefahr, wenn die Stimme des Geistes hörbar wird und Weisung im Namen Gottes erfolgt, doch so, daß der Jünger ihr nicht gehorchen darf, weil sie ihn vom Wort Jesu wegzieht. Jesus erwartet diese Gefahr. Es macht keinen entscheidenden Unterschied, ob die unechte Prophetie in einer jüdischen Gruppe entstehe oder aus der von den Aposteln gesammelten Gemeinde hervorgehe. Wer es auch sei, durch den der Geist redet: der Geist verlangt Gehorsam, und das im Namen Gottes gesprochene Wort wendet sich an alle. Zur Zeit, als Matthäus schrieb, waren beide Arten von falscher Prophetie vorhanden. Damals war in der zelotischen Schar aus der Ungeduld, mit der sie nach der Herrschaft Gottes strebte, Prophetie entstanden, die den Anbruch der Heilszeit zu verkünden wagte, und in der apostolischen Kirche, in der überall in den Gemeinden die Prophetie neu hervortrat, gab es auch falschen Geist, der das Gebot Jesu verwarf und aus der Freiheit der Glaubenden die Freiheit zum Sündigen machte. Ist die Gemeinde Jesu wehrlos, wenn falscher Geist zu ihr spricht? Sie muß ihm nicht erliegen; denn sie hat das Recht und das Vermögen, die Geister zu prüfen. Denn Jesus hat den Jünger vor Gott gestellt, allein vor Gott, mit eigenem Glauben und eigenem Gewissen, und ihn dadurch von den Menschen frei gemacht. Das gibt dem Jünger den Schutz, der ihn nicht verführbar macht. Er beugt sich nicht, wenn der Gehorsam fordernde Ruf ertönt: „So spricht der Geist, so redet Gott durch mich“, sondern er erkennt den Baum an seiner Frucht.

Jesus gibt nicht zu, daß es eine wirklich gelingende Nachahmung V17ff.
dessen gebe, was Gottes Geist im Menschen wirkt. Wie könnte das, was der Mensch mit seiner kranken Sucht und seinen aufgeregten, erhitzten Gedanken herstellt, wirklich dem gleichen,

was Gott in den Menschen legt? Der Wolf kann sich freilich zur Herde gesellen, als wäre er ein Schaf. Es wird sich aber immer zeigen, daß dieses angebliche Glied der Herde sie zerstören will.

Jesus gibt den Jüngern die starke, große Zuversicht zur Wahrheit. Diese gibt ihnen den aufrechten Stand im Gewirr der Stimmen, die zu ihnen reden, und reicht ihnen die Waffe dar, die sie unüberwindlich macht. Wesen und Schein, Echtes und Unechtes, Wahrheit und Lüge sind durch eine Grenze getrennt, die nie verschwindet. Jesus begründet ihnen diese Zuversicht durch den Blick in die Natur. Wie sie Gottes frei gebende Güte und seine nährende Fürsorge zeigt, so ist sie auch ein Zeuge für die Wahrhaftigkeit Gottes. Kein Baum kann lügen; unfehlbar macht jeder Baum in seiner Frucht seine Art offenbar. Nie wird der Zusammenhang locker, der das, was aus dem Baum herauskommt, an das bindet, was in ihm ist. Es ist beim Menschen, sagt Jesus, nicht anders. Was er den anderen darreicht als seine Frucht, durch die er in das Leben der anderen wirksam eingreift, ist an das gebunden, was er ist. Der Mensch kann sich nichts nehmen, es sei ihm denn gegeben. Sein ganzes Wirken bleibt an das gebunden, was er empfangen hat. Darum wird in dem, was er den anderen gibt, erkennbar, was er ist.

Dieselbe Regel zeigt dem Jünger seine Pflicht und verschafft ihm den Maßstab, mit dem er die anderen zu beurteilen vermag. Seid, was ihr seid, und habt, was ihr habt, sagt Jesus den Jüngern. Die Stadt, die auf der Höhe des Berges liegt, kann nicht verborgen bleiben, und das Licht strahlt, wenn es nicht gewaltsam mit einem Scheffel verdunkelt wird; das in Gott getane Werk leuchtet. Das gibt auch ihrem Urteil über die anderen den sicheren Grund. Ein Wolf kann nicht tun, was das Schaf tut, auch wenn er sich die Tracht des Schafes anlegt, und ein Mensch macht sich nicht selbst zum Propheten, wenn es ihm nicht gegeben ist.

Auch diesem Wort antwortet die Christenheit oft mit der Klage, daß es ihr nicht wirklich zu helfen imstande sei und sie ratlos lasse. Kann nicht jede religiöse Gruppe auch Leistungen vorweisen, die von ihrem Ernst und ihrer Tatkraft sprechen? Jede Religion hat ihren werbenden Gottesdienst, ihre einladenden Tempel, ihre imponierenden Helden, ihre das Leben bereichernden Gaben. Dem entspricht auch das Gleichnis Jesu; denn alle Bäume, so verschieden sie sind, tragen auch Frucht. Dennoch sieht Jesus in dieser Mannigfaltigkeit nur einen einzigen Unterschied, der für ihn Bedeutung hat. Er stellt neben die Rebe die Dornen und neben den guten Baum den faulen Baum. Dieser alles andere überragende und allein wichtige Gegensatz entsteht im Verhältnis des Menschen zu Gott. Daraus ergibt sich dieses gewaltige und deutliche Entweder-Oder, das bei Jesus überall zum Vorschein kommt, und das gibt dem Jünger, den Jesus vor Gott gestellt hat und dem er das Trachten nach Gottes Herrschaft und Gerechtigkeit gegeben hat, den sicheren Maßstab, der ihn urteilsfähig macht. Wohin zielt die Bewegung, in die ihn irgendeine religiöse Anregung versetzt? Hat sie ihr Ziel im Menschen, in seinem Glück, seiner Erkenntnis, seiner Größe und seiner Vollkommenheit, oder sucht sie Gottes Herrschaft und Gerechtigkeit? Macht sie uns Gott gehorsam und Gott im Glauben untertan? Ihr könnt, sagte Jesus den Jüngern, erkennen, wohin ihr bewegt werdet, weg von Gott oder hin zu Gott, hin zum Menschen oder hin zu Gott. Zu Gott hin führt die euch gegebene Bewegung dann, wenn sie von Gott ausgeht. Was von ihm kommt, das führt zu ihm.

Von der Unüberwindlichkeit der Wahrheit sprach Jesus mit den V21f.
Jüngern, und doch gibt es soviel Lüge bei den Menschen, auch in der Christenheit. Jesus zeigt den Jüngern eine neue Gefahr. Es wird sich in ihrem Kreis das wiederholen, was die inwendige Not des Pharisäismus war, der die eifrige Pflege der Frömmigkeit mit der Übertretung der göttlichen Gebote verband. Im Kreis der Jünger bestätigt sich der fromme Eifer nicht in der Verehrung des Gesetzes, sondern in der Verkündigung des Christus, die durch die Bezeugung seines königlichen Rechts geschieht und zum Glauben an ihn beruft. Das geschieht nicht nur mit Worten, sondern durch die Tat, in der Gottes allmächtige Gnade wirksam ist. Der Spruch nennt das Neue und in besonderem Sinn Christliche, womit die erste Christenheit der Judenschaft die Sendung Jesu bezeugte. Im Kreis der Jünger gibt es wieder Weissagung, nicht nur Auslegung der Schrift und Wiederholung der väterlichen Überlieferung, sondern vom Geist empfangene Rede, die im Namen Gottes gesagt wurde, und im Kreis der Jünger gibt es Sieg über das Satanische, nicht nur Ohnmacht, die mit Grauen der Verwüstung zusieht, die das inwendige Leben zerstört, auch nicht nur dunkle Künste, die von geheimnisvollem Zauber die Heilung erwarten, sondern das gebietende Wort, das die helfende Gnade

so bezeugt, daß die Geister weichen, und im Kreis der Jünger gibt es Glauben, der jenseits der Natur Gottes Macht anruft und sie auch erlebt. Dies alles geschieht nicht im eigenen Namen, als trüge der Jünger in sich selbst den Grund seiner Kraft, sondern im Namen Jesu mit Berufung auf ihn zur Erfüllung seines Gebotes und zur Verherrlichung seiner Sendung. War damit nicht das Vollmaß des Christenstandes erreicht und diesen Christen nicht die Gnade Jesu in reichster Fülle geschenkt? Wie könnten sie in seinem Namen wirken, wenn er sie nicht begnadet und gerüstet hätte? Nun steht aber neben dieser christlichen Wirksamkeit die Übertretung des göttlichen Gebots. Christlichkeit und Unsittlichkeit werden verbunden und der Glaube an Jesus verträgt sich mit Lüge, Haß und Machtbegierde, und die kirchliche Arbeit überspringt die fundamentalen Normen, die uns sagen, was Gerechtigkeit ist. Ist das möglich? Die Geschichte der Kirche gab dieser Warnung Jesu immer die Bestätigung, und möglich sind solche Vorgänge deshalb, weil keine Höhe der Begnadigung die eigene Bewegung unseres Willens vernichtet. Es gibt keine göttliche Gabe, die von unserer falschen Sucht nicht verdorben werden kann.

V23 Weil der Anstoß, der vom verwerflichen Christentum ausgeht, überaus heftig wirkt, sagt Jesus den Jüngern, wie er sich zu diesem Christentum stellen wird. Er denkt an jenen Tag, an dem seine königliche Sendung offenbar geworden ist. Wann dieser Tag kommt, wie er Jesus mit der göttlichen Macht und Herrlichkeit ausrüsten wird, davon spricht er nicht, sondern sagt nur das eine, daß er diese Art von Christentum richten wird. Indem er diesen Jüngern sagt: „Ich habe euch nie erkannt", erklärt er ihnen, daß zwischen ihm und ihnen nie Verbindung und Gemeinschaft bestanden habe. Vom Willen seines Vaters läßt er sich nicht trennen. Den Jünger gibt er preis, auch wenn er sich zu ihm bekannt und Großes für ihn gewirkt hat, wenn er den Willen des Vaters nicht tat. Er selbst bleibt mit dem Gebot des Vaters eins. Denn er ist der Sohn. Damit gibt die Rede noch einmal in feierlicher Entschlossenheit das Bekenntnis Jesu zu Gottes Gesetz.

Was macht die Jünger wehrhaft? Was gibt ihnen die Kraft, den schmalen Weg zu gehen? Was macht sie verschlossen für alle nur menschliche Weissagung? Was schützt sie vor einer christlichen Wirksamkeit, die sie verdammlich macht, und macht es ihnen

unmöglich, Glauben und Sündigen zu vereinen? Das ist das Wort Jesu, eben das Wort, das er ihnen jetzt gesagt hat. Sie sind aber dadurch, daß sie sein Wort empfangen haben, nochmals vor eine Entscheidung gestellt. Denn das Wort darf nicht nur gehört, sondern muß getan werden. Nur dann ist es der sie rettende Besitz und hat heilsame Macht. Es besteht aber die Möglichkeit, daß die, die sein Wort gehört haben, es nur hören. Davon, daß es auch verachtet und verworfen werden kann, spricht Jesus hier nicht. Denn er hat die vor sich, die sein Wort ergriffen hat, die ihm, wie der Evangelist sagt, zugestehen, daß er mit Vollmacht sprach,
nicht aus Eitelkeit und eigenwilliger Meinung, sondern im Auftrag V28f.
Gottes und mit seiner Ausrüstung. Sie haben sein Wort so gehört, daß sie es nicht mehr vergessen können. Es gibt aber einen vergeblichen Besitz seines Wortes; denn Jesus hat es uns nicht dazu gegeben, damit wir es wissen, meditieren und predigen,
sondern damit wir es tun. Dem Hörer aber, der sein Wort tun V24ff.
wird, gab Jesus die Verheißung mit: sein Bau bleibe auch am stürmischen Tag bestehen.

Adolf Schlatter

Jesus – der Christus

Acht Aufsätze mit einer Einführung von Rainer Riesner
104 Seiten. ABCteam 927. Paperback

„Kennen wir Jesus?" Diese Frage hat Adolf Schlatter ein Leben lang bewegt. Auch als Professor der Theologie vergaß Schlatter nie, daß Theologie für die Gemeinde da ist und vor Gott verantwortet werden muß. Darum hat er sich nach Kräften gemüht, den Graben zwischen wissenschaftlicher Theologie und Gemeinde zu überbrücken. Dies geschah u. a. in den zwei Sammelbänden „Hülfe in Bibelnot" (1928) und „Gesunde Lehre" (1929). Aus ihnen sind in diesem Buch, das aus Anlaß des 40. Todestages Adolf Schlatters erschien, acht Aufsätze ausgewählt worden.
Weil Schlatters Theologie ganz dem Zeugnis der Heiligen Schrift verpflichtet war, sind seine Aufsätze auch heute noch wegweisend.
In der Einführung gibt Rainer Riesner einen interessanten Überblick über Leben und Werk dieses ungewöhnlichen Bibelgelehrten.

Adolf Schlatter

Die philosophische Arbeit seit Cartesius

Ihr ethischer und religiöser Ertrag
304 Seiten. TVG-Monographien. Paperback

Das Buch zeigt die Bewegung des philosophischen Denkens von Descartes (1596–1650) bis zur Wende des letzten Jahrhunderts (Nietzsche, Darwinismus).
Der Leser wird in ein anregendes Gespräch mit den wichtigsten Philosophen (u. a. Spinoza, Leibniz, Kant, Fichte, Schelling, Hegel, Nietzsche) hineingenommen. Dabei stehen nicht deren Denksysteme im Vordergrund, sondern die Frage: Welche ethischen und religiösen Auswirkungen haben ihre Antworten?

BRUNNEN VERLAG · GIESSEN / BASEL